演藝圈教會我的事

タレントだった僕が
芸能界で教わった
社会人として大切なこと

Kazuhide Iizuka
飯塚和秀 著
王慧娥 譯

文經社
Taiwan
COSMAX
PUBLISHING Co.
Since 1981

推薦文1

我喜歡看書卻最討厭看勵志書和自傳類書籍，不過看完本書各章節抬頭後忍不住產生興趣，在飛行途中一口氣看完了!!從訪問別人的ＤＪ到經紀人的角色，這麼多年下來的心得竟然都濃縮在這本《演藝圈教會我的事》一書中了。作者在成功跨行後以「真正」過來人的身分用「不說教」的方式，讓這本書充滿了趣味性和實用性。

「別人真心對你發火是值得感激的事」這句話常聽到也在書中出現，看完這本書的人也未必會有幾個人真正認同，所以……我也不囉嗦了，能真正吸收這本書中所有點滴的人，再加上堅持不放棄的毅力，也許你也可以是下個「大明星」。

ＰＳ.這本書在台發行中文版後，各經紀公司可以不用再找我開課了，給新人一人買一本吧！

資深ＤＪ＆經紀人 **敖君怡** :) 微笑推薦

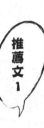

推薦文2

我曾經拍過一支廣告片，一段簡單的走路戲，演員同手同腳演了十幾次，導演只差這麼一點就要怒摔大聲公了。勉勉強強的拍完之後，剪接出來那個演員只有大概一秒的畫面就這麼被卡了，而且從此背負著「不會演」的包袱，不知道何時才能重生。

演藝圈就是這麼殘酷，你也許只有一次機會。然而，社會也是同樣殘酷，你可能連一次機會都沒有。

本書揭露了許多人從沒想過演藝圈的幕後心酸，其實也說出了放諸四海皆準的許多道理。情節生動有趣、故事引人入勝，不知不覺就會讀完的另類勵志小品。想進演藝圈的人，最好都先一窺究竟，做好準備；不想進演藝圈的人，就像看幕後花絮一樣，滿足窺探的好奇心外，還能得到許多實際上在社會也很有用的事情。

喜陽影片製作有限公司總監　郭景福

自序

或許有點冒昧，這裡有個問題想請問各位。

聽到「演藝圈」這三個字，各位有什麼樣的印象呢？

我想應該沒有人從出生到現在，從來都沒看過電視吧！在日本，乾脆說沒半個沒看過電視的人也不誇張。對我們而言如此親近的電視，就是藝人們賴以維生，每天想盡辦法也要爭取曝光機會的地方。我想，演藝圈對於不少人來說，除了光鮮亮麗之外，也是孩童時代自然而然憧憬的世界吧。

只不過在這光鮮亮麗的背後，事實上它是一個社會上一般人不太知曉，非常殘酷的社會。正因為它是個夢境般的世界，所以想要叩門而入的人，多如過江之鯽。一心一意想成名、希望晉升為有錢人的人，在巨大的欲望及野心驅使下，紛紛撲向演藝圈這個散發極為特殊光彩的世界。

然而現實世界完全不是如此美好。「理想」與「現實」在此激烈碰撞，最後，絕大部分的人都沒能追求到自己想要的東西，黯然離開了這個舞台。

大家透過電視認識的「一流藝人」，可都是經歷了不得了的激烈競爭、日

復一日地累積無以計數的努力、長期和不斷地想要放棄的內心糾葛對抗，才得以出人頭地的佼佼者。

我想自己是有點資格，向各位讀者稍稍揭開演藝圈的真實面貌。畢竟從高二開始，我有大約十年的時間，曾經以藝人的身分隸屬於其中。

如同世上許多追夢人一樣，我也憧憬著和平凡生活完全不同的花花世界。

「有一天我一定要像那些人一樣，成為眾所皆知的大明星！」

「我想透過電視走紅，成為一個有錢人！」

這樣想著，我邊念高中邊一頭栽進了演藝圈。

只不過，那並不是一個會張開雙臂歡迎，以輕浮心態進入的人的世界。前方等著我的，是極其嚴苛的現實。我沒善用得到的機會，只是白白浪費了時間。最後我耗費了絕對稱不上短的十年，而且沒有得到半點成果之下，在二十五歲前後離開了演藝圈。當時我滿心悔恨，明明是孩提時代一直追尋的夢想，到頭來卻兩手空空什麼都沒有留下。

不過重新回首當時路，對現在的我來說，打從心底感到那是一段很有意義

的十年。

完全脫離演藝圈，是在我二十六歲那年。當時的我，不但從大學休學，出社會的工作經驗也只有打工而已。以一般社會的角度來看，可以說非常沒出息。然而正因為沒有任何經驗，所以能一頭栽進ＩＴ產業，想方設法不斷奮鬥下去，於是六年後，我以三十二歲之姿，升上了部長（註：相當於經理）一職。一個在二十六歲以前，只靠打工過生活的男人，卻以三十五歲不到的年紀當上了部長，應該不算太糟吧。

「為什麼我能走到這一步呢？」

離開演藝圈十年後，終於能冷靜地看待那段過往時，我才發現了一些事情。

「我想一定是因為在演藝圈的時候，累積了一般上班族無法學到、經歷的事情。這段經歷，讓我在二十五歲這麼晚且毫無社會經驗，起步比別人晚的前提下，得以活用在一般企業的工作中。」

這是我的看法。當年的天真高二生，透過演藝圈這個殘酷的成人世界，體驗了各種的事情。演藝圈的諸多前輩，也給無藥可救的我，許多無價又重要

的教誨。只不過當時，我總是表面上裝懂，沒有掌握到任何待人處世的本質。啊！所以我才紅不起來呀……。現在終於恍然大悟了！

但是這一切對我來說，絕非白白浪費掉的時間。畢竟我能夠活躍在迥異於前的「上班族社會」中，正是多虧了藝人時代，得以和各式各樣充滿魅力的人交流所致。他們當時真正想傳達給我的事情，我到了這個年紀終於明白了。

就像是──「原來……當時他們教我的是這個意思啊。這個道理對於在社會上生存，是這麼重要呀……。」

演藝圈時代，雖然受過很多人的關照，但是我卻沒有留下任何成績就離開了。當時的懊悔，以及對許多人的感謝之意，讓我決定提筆撰寫本書。

我相信，不論是對演藝圈有興趣，或沒有興趣的人，一定都能在書中有所發現。

飯塚和秀

二〇一二年五月

目次

Scene 1

第一章 在藝人培訓班，學到競爭中脫穎而出的必備決心

Scene 2
第二章 在拍攝現場學習到成名的必要條件

Scene 3
第三章 和一流專家全心投入工作所學到的事情

Scene 0

序章

演藝圈聚集了
熱情又純粹的人才，
真是了不起的地方

Scene 0
Take 1

拍攝現場，就是我之所以為我的好所在啊！

「好！接下來正式進入拍攝！」

導演一聲令下，前一刻還鬧哄哄的攝影棚，瞬間化為被無比寂靜包圍的空間，每個工作人員的神情也專注了起來。

無論經歷過多少次，我愛死了這個瞬間，尤其是以主角身分參加的作品，在第一個鏡頭開拍時，這種感覺尤其強烈。身心都被恰到好處的緊張感包圍，我深深感謝這個讓我感到無比存在的職業。

好了，就用下一刻定勝負！

——「該做的準備全部做了，接下來只要相信自己。」

我一定會對自己說這句話，就像是一種無意識的動作。

將近兩百頁厚的劇本，連對手戲演員的台詞，全部裝進腦海裡了。

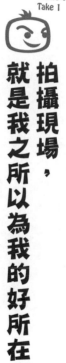

接下來要拍攝的動作，我讓緊張感遍及指尖及趾間神經，連眼神的運轉都在計算之中。當然，我有自信進行不讓任何觀眾查覺一切準備功夫的自然演出。

但是，也沒有辦法完全拋開不安感，永遠都必須和自己奮戰。這樣的糾葛，今後也將長長久久地持續下去。

面對今天開始的外景拍攝工作，我將身體調整到最佳狀態。為了塑造角色，極力控制脂肪的攝取量，靠鍛鍊來增加肌肉，體重也掉了五公斤。我現在的樣貌，和進入這件工作之前，完全不一樣了。

此刻，所有和我共同在這個空間的導演、攝影師、燈光師及其他工作人員，全都以我為中心來運轉，所有人都是從以前就共事到現在的伙伴，能夠完全支援我想呈現的演技。和他們一起工作，就像是在自家般充滿安全感。

而回應他們如此深厚的信任，也是我應盡的責任。

我已記下所有攝影機的位置了。為了不錯過我表情上任何細微的變化，數台攝影機以各種角度環繞在我周圍。

一個小小的動作，就可能將角色的詮釋，錯誤地傳達給觀眾。絕不容許多餘的動作，這種壓力，可不是世上隨處可見。然而這股渾身麻痺的感覺，正是我活在當下的証明。

一群工作狂，為了成就一件事，全心投入滿腔的熱情，我真是愛極了拍攝現場的空氣感。

此刻，整個世界只為了我而存在。

這次的燈光設備也是大陣仗，攝影棚被熱氣整個包圍，我的額頭才微微地冒汗，馬上就有個年輕的女ＡＤ（助理）跑了過來。她應該是菜鳥吧。

「對、對不起……」

她用細得幾乎聽不見的音量，小聲道了歉，慎重地用化妝棉幫我擦汗，以免影響剛剛才費心化好的妝。唉呀，她幫我擦汗的手，微微地顫抖。

我已經完全準備就緒了。

——「好，上場囉！」

將心中的按鈕啪地打開，我將自己的一切賭在這一瞬間的集中力上。終於，

正式開拍了！

導演乾啞的聲音劃破拍攝現場的空氣：

「開拍！三、二、一……」

……

「卡！檢查一下剛剛拍的帶子!!」

前一刻悄然無聲的攝影棚一口氣喧嘩開來，鏡頭還沒檢查完畢，攝影師和照明師已經在準備下一個鏡頭了，我想這必須歸功於長年累積下來的信任吧！

我果然是喜歡演戲的，也愛死了這個圈子，我邊想邊確認剛拍好的影像。

不久導演終於發出「ＯＫ！」的指示了。

——「我已將人生的一切賭在工作上了。好，來準備下一場戲吧。追求理想的旅程永無止境……」

「喂！那邊的！」

「是！是……」

AD粗暴的吼過來，我和同期的山田面面相覷。因為我們躲在攝影棚的角落，邊觀摩拍攝現場邊想幻自己是主角……。

「輪到你們出場還久的很！攝影棚可不是遊樂場！你們給我回休息室老實待著！」

「好、好、是、對不起!!」

一連串怒吼嚇得我們逃也似的離開現場，回到擠了二十多個臨時演員的狹小休息室。

沒錯，我就是紅不起來的演員。空有「藝人」頭銜，一個誰也不知道的無名追夢人。

Scene 0
Take 2

能夠脫穎而出的人，只有鳳毛麟角

★等了九個小時，最後卻沒能出場

雖然現在過著平凡上班族生活，其實十六到二十六歲的十年間，我曾經是一位藝人，只不過身上貼了「（超級）不紅」這個標籤罷了……。

話說，不知道你是否能想像，為了區區十幾秒的鏡頭，數十位工作人員屏氣凝神不發出絲毫的聲響，只為了提高整個空間專注力的情景？現在一回想起我居然曾經置身那樣特殊的世界，都忍不住懷疑「該不會是一場夢吧？」

活躍在電視及雜誌上的知名藝人，他們演出的節目及舞台資訊的海報，被張貼在大街小巷。打開電視，就能看到許多他們的廣告，集世人目光於一身，這是許許多多的人們所憧憬的地位。這樣的人在實際的拍攝現場，一樣閃亮耀眼。

然而演藝圈這個地方可說是龍蛇混雜，能夠活躍在一線的「龍」，僅占其中小一撮，壓倒性多數的是「蛇」。

我也不例外。一流的藝人被攝影機追逐，然而，占據拍攝現場絕大多數的，則是一群被稱為「臨時演員」的人。上一篇文章（Take 1），是我用想像描繪出「如果我是長篇連續劇男主角」的情景。我嘗試把長久以來被現場工作人員重視的夢想，在我的著作中表現出來。

畢竟真實的情況完全相反。當時，我其實只是個被AD瞧不起的小咖演員。雖然同處一個拍攝現場，可是地位卻和一線演員有天壤之別。

曾經因為可以參加外景的拍攝工作，開開心心地到現場去，沒想到卻在東京都內一所中學的狹窄實驗室裡，和十幾個人像擠沙丁魚一樣，從早上一直等到傍晚，整整九個小時，結果最後卻落得一句：

「各位今天的戲份被刪掉了，所以現在解～散～！」

那一天剛好是我十九歲的生日，直到在依舊無法忘記，十字頭最後一次生日殘留的悲慘感受。

「我非紅不可！」

雖然曾經這麼想過，非常、非常強烈地想過。但是到最後，我什麼成果都沒有做出來，十年後離開了演藝圈。

如果紅起來，可以坐擁千萬日圓，甚至上億的年收入，予人無限夢想的演藝圈，但是……它的背後卻是極為殘酷的世界。

★如果只是要個藝人的頭銜，阿貓阿狗都可以

如果只是要個藝人的頭銜，其實並不會太困難。或許可以說，阿貓阿狗都可以。其實在日本，被稱作「藝人」的人，高達了兩萬以上，實際上說不定還更多呢。

唯一的差別在於——你的名字是不是家喻戶曉罷了。

成為一位藝人的過程，知道的人出乎意料地少，所以這裡我來簡單介紹它的架構。

第一種是經由比賽或者是選拔的方式進到演藝圈。部分經紀公司和雜誌，每年定期地舉辦選拔，或是由圈內相關人士，主動將各種產業中，受人矚目的人帶進這個圈子裡。

這一類的人，一般來說，無論任誰來看，原本就是光彩遮都遮不住的類型吧，所以經紀公司會卯足全力為他們宣傳。當然，最後個人的才能影響還是很大，但是紅起來的可能性，可以說本來就很高。

倘若不是上述的這種人，而是世間一般的「凡夫俗子」，也想成為藝人的話，又該怎麼做呢？答案其實非常簡單。或許你曾經在報紙或雜誌等刊物上，看過大型經紀公司刊登，類似下面的廣告內容：

「〇〇經紀公司，第〇期藝人培訓班召募成員！」

簡單來說，就是召募演藝圈新人的意思。看到這種廣告而躍躍欲試想成為藝人的人，便向經紀公司報名。接下來會收到甄選考試的簡章，然後在指定的日子，到指定的場所去，發發聲音、跳個簡單的舞蹈、演演戲，給被稱為評審老師的人們看。

甄選考試「及格」後，接下來繳交大約二十萬日圓左右，名為入所費的費用給經紀公司，然後就可以在演藝圈內部共有的名冊──「藝人名冊」──上面刊登相片，踏出成為「藝人」的第一步。如何？很簡單吧。

只是現在想想，像這樣的甄選考試，只要沒有非常離譜的情況，可說是「人人都能及格」吧。為什麼呢？因為演藝圈是個什麼都有，什麼都不奇怪的世界。用「說話大舌頭」，或是「腦袋不靈光」作為個人賣點的人，大有人在。

從經紀公司的角度來看「無論具備何種個性或特質的人，全都有紅起來的可能性。」當然，畢竟藝人也算是一種職業，不適應團體生活的人就混不下去，除此以外，基本上是歡迎人人光臨，前提是你必須先支付一些「必須的費用」。

付完入所費，之後每個月還要支付兩萬日圓左右的月費，同時接受經紀公司舉辦的課程，學習從事演藝活動必要的技能。因此，除了部分「天之驕子」之外，幾乎所有藝人都是以經紀公司培訓生的身分，一步步地往上爬。

Scene 0
Take 3

一流的藝人到底有什麼不同呢？

★一直站在第一線的人，這點不一樣

就像前面提到的，想要成為藝人其實非常簡單，如果單指擁有藝人頭銜的話。但是，被稱為「一流」的藝人們，能夠在殘酷的競爭中，長年隱居第一線，其實在根本之處就有所不同。

相信你應該經常聽到「一片歌手」或「爆起爆落」的說法。這一類藝人在某些機緣下，突然瞬間爆紅得很誇張，經常出現在電視等媒體上，這種幸運確實存在。但是最重要的不在於短期間的爆紅，而是能夠長期、持續地經營下去，因為這事關自己的演藝生命。

能夠化理想為現實並持續下去的人，真的有某些不同的特質。

那麼，長年穩居第一線的人，和瞬間竄紅轉眼消失的過江之鯽，兩者之間

究竟有什麼不同之處呢？

混跡演藝圈的時候，我幾度和一流的藝人交過手，有些至今仍舊無法忘懷的小故事。這些回憶，在我累積了一些社會經驗後回頭重新檢視，才發現一流藝人之所能夠長久倍受肯定的幾項原因。

★紮實的「基本功」

能從長年的競爭激烈中脫穎而出的藝人，都具備非常紮實的基本功。

這一點在見到他們時，馬上就可以感覺得到。首先是外貌上壓倒性的吸引力，這可不是只有臉蛋或是外型好看而已。當然，他們的臉蛋或外型都很好，只不過除此之外，他們的一舉手一投足都美極了。

他們姿勢端正，動作不累贅，也沒有奇怪的毛病，渾身散發凜然的氣氛。不是常有一種形容人「光芒四射」的說法嗎？他們就是給人這種感覺。

再來，就是確實的「禮節」。

演藝圈是個上下關係非常嚴謹的世界。老前輩在這一方面尤其令人敬佩，他們絕不會因為對方地位比較高就卑躬屈膝，比較低就刻薄冷淡。

雜誌等媒體上，不是經常有人被寫成是「愛耍大牌」嗎？雖然也有這種人，但是這種人不可能長久存活演藝圈裡。一旦被共演者或工作人員打從心底討厭的話，是不可能讓眾人齊心協力完成一件作品的。

平等地對待地位比較低下的人，時而嚴厲，時而溫柔。我在現場見過的一流藝人，他們對任何人都同樣友善，無論何時都用非常客氣的態度和人打招呼。

還有他們徹底實行自身的「健康管理」。從平日生活中，就極注意身體的保養絕無懈怠。

請想像看看。假使歌手因為感冒，在演唱會當天取消演出的話，會產生多大的損失呢？無論對事業或是個人都有很大的影響。

越是一流的藝人，與他們在工作上有利害關係的人就越多，所以他們必須無時不刻讓自己保持在最佳狀態。

我曾在一個寒冷的冬天，參加某部連續劇的外景拍攝。一位很受歡迎的年輕女演員SN小姐，直到開拍的前一刻，足步不出保母車。當她走出車外時，身上穿著令人無法置信的厚外套，誇張得讓人不禁懷疑：妳當自己是洋蔥嗎？

但是，一旦進入正式錄影，她便整頓好服裝，無論當時氣溫多低，表情都能馬上到位。讓我見識到何謂敬業精神。附帶一提，這位年輕的女藝人，十幾年後的今天依舊活躍於演藝圈。

「紮實的基本功」、「確實的禮節」、「徹底的健康管理」——把這些要素化為文字後，看起來似乎沒什麼大不了。但那些萬中矚目的藝人，絕不會對這些要素放鬆怠惰，而是持續不斷地自我要求，這絕對是一種才能。

★「人性」踏實而可靠

狂妄、目中無人、對後輩動粗……等等，的確有些藝人就像八卦雜誌上所

描寫的那般糟糕透頂，不過至少我從沒在工作現場見過這種人（就算我不紅，好歹也有大量的演出經驗喔）。總之，越紅的藝人就越謙虛。

下面是我參加某部校園電視劇拍攝時發生的事情。當時紅透半邊天的偶像ＮＴ，就坐在我後方的位子上。

——「哇～在電視上看到時，感覺他整個言行都亂七八糟的，很討厭耶……」

我心裡這麼想著這個比我年輕的人。

想不到，ＮＴ很客氣地主動向現場所有包括我在內的人一一問候：

「請多多指教。」

果然越紅的人，越重視旁人的協助。

他們每天都不忘自我反省，同時也具備了毫不懈怠的謙虛態度。

雖然不是親眼所見，我聽過一個知名大牌女演員的逸事。

一位擁有幾十年資歷的女演員ＩＥ，她在舞台表演結束後，對同一家經紀公司的年輕工作人員說：

「我今天的表演好像不太好呢？」

被超級資深前輩這麼一問，年輕人只敢回說：

「不會，真的不會，真的很棒！」

接著女演員便說：

「你不願意批評我的演技，看來是沒認真看我表演，真難過……。」

若從不同角度來看這段話，或許有人會以為她在欺負這位工作人員。但是據說ＩＥ真的很希望第三者能提供意見，和她有長年交情的朋友是這麼對我說的。

不會因為稍微有點名氣，就開始目中無人，每天都想更進一步，能以這種純粹態度持續下去的人才是真正的一流藝人吧！

當然，說沒有驕傲自大的藝人，就是謊話了。當時身邊曾有一個不是特別有名，只因為演過一點廣告，就不可一世起來的人。這個人在我離開演藝圈很久以前就從這個圈子消失了。

倘若不保持謙虛，就不可能在演藝圈存活下去。我從這段過往，學到了在

社會上求生存非常重要的事情。

★全是「超級工作狂」

總之，演藝圈滿是超級克己的人。不！或許該說，這是個不克己自律就待不下去的世界。

一流的藝人一天二十四小時，都不能忘記自己是專業藝人。無論何時，他們絕對不會忘記「所有人都往我身上看」的感覺。他們也將日常生活的一切，跟「工作」連結進行思考，算是一種「職業病」吧！但是對一流的藝人而言，普通的理所當然。

我當時有幸認識一位演藝圈資歷三十年以上的藝人，他曾經在酒席上說：「走上街觀察別人，真是有趣得不得了。這個人為什麼會做這件事？那個人在想什麼？腦子裡不停地轉著這些想像與觀察喔。」

最後，像是對自己說話般地喃喃說道：

「我們這一行啊，真是沒有上工和下工之分。一天二十四小時，想的都是工作，所有的生活都以工作為中心，但是我覺得很幸福。」

若要用一句話來表達的話，藝人全都是「超級工作狂」吧。

拍攝現場的一舉手一投足，也是不同凡響。即使前一刻還在輕鬆閒談，等到正式開拍，立刻在一瞬之間切換成表演模式。完美地進行「開（on）」和「關（off）」之間的轉換。

和許多人一起以堅定地耐性成就一個作品，當然也會有跟工作同仁發生衝突的時候。但這是因為所有人都以純粹的心，不斷變化以追求創新與充滿魅力的作品所致。用真摯的態度面對工作，就是我所學到的。

在每個人的專業堅持背後，都抱持著「如果用鬆懈的心態面對工作，明年就沒有我的容身之處了」的想法。

我想，這是在超級競爭的世界裡才有的正面危機感。

Scene 0
Take 4

連在幕後支撐拍攝現場的幕後工作人員也是主角

★認真面對工作的專業人員群像

成就一部作品，可不是演員一個人的事。不是只有出現在電視上的藝人才是主角。

我想無論哪一個行業都一樣，一定有隱身在幕後的推手。導演、攝影師、燈光師、道具師……，或許觀眾沒注意到他們的存在，但是成就一個現場的人，全部都是主角。

他們都很熱愛自己的工作。為了讓影像有更好的呈現，總是徹底地擔負起自己的專業角色，也正因為認真，有時候甚至不惜和演出人員發生口角。拍攝現場等同於一個進行集體創作的場所。

此外，化妝師、服裝師的工作也非常不得了。

活躍在演藝圈的化妝師，各個身懷絕技。他們可以把一個人完全改造成另外一個人，簡直就是太犯規了。我甚至還想，如果自己公司網站上刊載的個人照片，有請化妝師來幫忙的話，不知道會騙倒多少女同事呢。

服裝師則是在尊重演員個性的同時，打理最適合角色的服裝，以天才般的品位，從上到下打點得妥妥當當，呈現出完美的搭配。

無論是化妝師或服裝師，雖然角色不同，但是都是以「呈現演員最完美姿態」的美學為前提進行作業，對他們而言，這就是無可取代的驕傲吧。我認為這是非常棒的工作模式。

化妝師、服裝師的工作，雖然很少受到電視機前觀眾的矚目，但是在拍攝現場，演員少了他們，可是成就不了工作的。

這群專業人士，必須分別完成獨立性極高的任務，方能成就一部作品。這是我所感覺到，演藝圈最大的魅力。

Scene 0
Take 5

在殘酷的「理想與現實」中所學到的事情

★能夠抓住夢想的人，只有鳳毛麟角

演藝圈最前線，許多人都是神采奕奕地面對工作。

當然，既然是工作，不可能天天都是快樂天。拍攝現場非常地嚴酷，有時候熱到爆，有時候又冷得不像話。從早上到深夜，攝影棚裡可能有好幾天都像是處在壓力鍋爆發前的狀態。相關人員背負的沉重壓力，可不是蓋的。

即便如此，大家還是可愛的「超級工作狂」，他們腦袋總是裝滿了工作，拍攝現場充滿這樣的氣氛。無論承受多大的煩惱，對這份工作仍舊愛到無法自拔，也因此才能夠日復一日地面對如此艱苦的工作。

不斷輸出夢想給社會的華麗演藝圈，每天都有前仆後繼的新人投入這個世界。

只不過理所當然存在的「理想與現實」，讓能夠抓住夢想的人，僅有其中的鳳毛麟角。我想這是個永遠無法改變的事實。當年年僅十六歲，不諳世事的高二生，就這樣一腳踏入了那個超級競爭的世界。

現在回想，演藝圈就像是人生劇場。各種不同立場的熱血人士聚集於此，彼此衝撞，然後發現了某些珍貴的事情……。

至於在這個未知的世界，我究竟學到了些什麼呢？在一無所知的狀態下，加入經紀公司的藝人培訓班，以及之後發生的種種，我想將它們全部寫出來。打從入所典禮開始，天天上的嚴格課程，在拍攝現場遭受的失態與屈辱，以及相見與別離……。

接下來，我打算以當時不成熟的角度出發，讓讀者看看稚嫩的我，如何跟天真可愛的同學們，一起撲向那個嚴苛又殘酷的世界。

Scene 1

第一章

在藝人培訓班，
學到競爭中脫穎而出的
必備決心

Scene 1
Take 1

為了改變自己，一腳踏入演藝圈

★想要擺脫乏味的生活

高二那年夏天，我成為世人眼中的「藝人」。

說是藝人，也有區分等級，而我是那種沒有任何人知道，位居最底層的藝人，但是既然「藝人名冊」上刊登了名字和照片，即使沒有工作找上門，我好歹是個貨真價實的藝人沒錯。

一開始「想當藝人！」對我來說不算一個很強烈的夢想。

我在學校的成績糟到見不得人。完全沒在認真念書，翹課是家常便飯，大白天就和壞朋友們逛大街，日復一日。想當然爾，大人們當時都說我是成績爛、上課態度不佳的孩子，但是我完全沒放在心上，反而認為「活著本身就是無聊透頂。」

這句話表達我當時的一切，做任何事情都感到有氣無力，生存的意義是什麼？我完全沒辦法找到，內心空無一物。

——「我是為了什麼來到這個世界上？以後要做什麼？」

或許每個青春期的人都碰過一樣的問題，這個困惑當時就像一堵巨牆橫在我眼前。

到了高二的夏天，同學們開始認真準備起大學入學考試了。可是我跟不上大家的腳步，焦躁感一天比一天強烈。

★自己有上得了檯面的優點嗎？

就在這股焦躁感快到達臨界點時，正巧某家大型演藝經紀公司的報紙廣告映入眼簾，於是我心想：

——「啊！說不定這可以改變現在的我……。」

雖然演藝圈是從小就知道的存在，但演藝圈裡面到底有什麼，對我來說就

像個未知的世界。說不定那裡有我的容身之處……，毫無道理的靈光一現，我瞞著爸媽，自己偷偷報考那家經紀公司的招募考試。

考試日期訂在兩個星期後，舉行地點在東京都內。考場約有學校教室兩倍大，裡面擠滿了和我一樣的考生。

——「原來想進演藝圈的人，有這麼多喔。這樣我不就就考不上了……。」

既沒醒目的特徵，看起來又土的我，鬥志頓時消失無蹤。

「你好，這是今天要進行的考試內容，請仔細看清楚。」

櫃台的大姊姊發給我們的紙張上，寫著今天考試的項目：

「一、自我介紹，二、演技審查　以上」

完全沒有做好的自信……。比起演技審查，自我介紹對我來說難度更大。

——「我有什麼上得了檯面的優點嗎……？」

這是我活到現在，從來沒想過的事。

★我要闖出一片天給大家瞧！

考試一下子就結束了。至於當時做了什麼，現在已經完全想不起來了。那時候我一定處於極為不踏實的狀態吧。無論是自我介紹、或是演技審查，好像都糟到不行。連我自己都不記得到底說了什麼話、做了什麼表演的情況下就這樣結束了。

——「這樣會考上才真有鬼哩……。」

這就是現實，演藝圈不是我能追求的世界……。我帶著沮喪的心情，度過了兩個星期。不料，兩星期後，我家信箱躺了一封經紀公司寄來的信，不抱任何期待的打開信封一看，上面宣判了考試的結果：合格。

我合格了，突然有種洩氣的感覺。

原來演藝圈這麼容易就能進去？真的假的？但是再仔細一想……不！不對，說不定我有連自己也沒發現的才能，而評審老師慧眼看出了這項潛能!?

——「好！我要在演藝圈闖出一片天給大家瞧瞧!!」

原本沮喪的情緒，這下子一溜煙跑光光了，內心頓時萌生出「我可以！」

的自信。

現在想想真是有夠丟臉，可我當時真的這麼想，一丁點的懷疑都沒有。完全相信自己其實很有才能，得意得不得了。

此外，我也沒明白一件最基本的事實。「屬於」那個圈子，和在那個圈子「闖出一片天」，根本是兩回事。

★會錯意的情況下踏入演藝圈

我把寄來的文件全部看了一遍，了解到需要大約二十萬日圓的入所費用，每個月還要另外花兩萬日圓的學費。當時我還不了解整個演藝圈的架構，我不是以具有實力、能立即上場的藝人身分登錄，充其量只能算是「得到了在所屬經紀公司接受教育的權利」而已。

這個時間點，我只是個「藝人培訓生」，接下來能不能有所成長，則要看個人造化了。經紀公司也不乏相當知名的，比方說以搞笑藝人為主的關西某

家經紀公司，他們就很有名。

「進入培訓班」這件事本身，其實門檻並不高，我是到了後來才了解這一點。換句話說，我錯以為這是件可喜可賀的事情。

只不過，當時我相信自己是有本事的，毫無疑問。

「我不想錯過這個機會。我想靠它翻身，讓我進經紀公司！」

我死命拜託父母親，央求他們幫我付高額的入所費，就因為我正式取得了「藝人培訓生」的資格。

當時我才不過是個高二生，演藝圈是什麼不用說，連出社會是什麼都一概不了解。

我曾經想過：

「所謂的經紀公司培訓班，應該就像專門學校吧？」

真是天大的誤會，那裡並非「學校」，而是「社會」。

沒錯，那裡就是一個等同於演藝圈的「專業」世界。

「我有本事在演藝圈混下去！」

一個完全搞不清狀況，加上腦袋空空毫無內涵的高二生，一腳踏進了極度專業的現實社會，接下來會面臨什麼狀況呢？

請跟著我看下去吧。

Scene 1
Take 2

你是自己決定要待在這裡的吧？

★四周環繞了多達百人的競爭對手

入所典禮在經紀公司名下的一座小劇場舉行。

雖然每年都在招募藝人培訓生，但是這次據說有將近一百個人進來。在連兩個教室大小都不到的觀眾席上，擺滿了座椅，所有新進培訓生都坐在這裡，等待典禮開始，總覺得像是學校的開學典禮。

但是回頭一看，劇場後面有好幾台電視攝影機，上面也有很多的燈光照明設備垂掛。我環顧四周的人，小至中學生，大至二十九歲，男女都有。

「他們都是我的競爭對手嗎？我可不想輸給他們。」

我在心裡，細細地咀嚼這股心情，同時也萌生了一個疑問。

——「話說回來，為什麼會有這麼多人在這裡呢？」

我不認為電視或舞台表演的工作，會多到可以讓多達一百位的新進演藝人員活躍其中。既然如此，為什麼會錄取這麼多人呢？明明應該更少人才對啊……。

當下感覺到的疑問，後來的日子裡慢慢地解開了。

★又臭又長的無聊致詞……簡直和學校沒兩樣嘛！

五分鐘後，有位身型削瘦、身高將近一百七十公分的高個子女人站上舞台，一開口就說：

「大家好，非常恭喜各位加入金山藝能經紀公司。我是今天入所儀式的司儀，也是公司的員工。我姓鈴木，今後請各位多多指教。」

這位女士的聲音美得透澈，就像是棒球場上的播音小姐一樣。但是不知道為什麼，她的語調高亢得有些奇怪。雖然說出來有些失禮，我馬上發現，其實她已經有些年紀了，應該和我媽媽差不多大吧。但是，我至今見過的人之

中，她的禮儀做得比誰都周到，所以留下了深刻的印象。

「此外，今天的入所典禮，後方的攝影機將會全程拍攝。所以接下來進行的過程，請各位保持肅靜。」

我回過頭一看，剛才看到的電視攝影機，的確都有工作人員在操作，他們拍攝講台的情況，以及我們坐著的座席區。

──「哇～！錄影耶。等我紅了之後，會不會被拿出來介紹說：『原來這位藝人年輕時候是長這副模樣啊～』」

我開始妄想起來了。

──「話說回來，這位鈴木女士的服裝品味是怎麼回事啊？從上到下，一身黑到底，整個搭配簡直讓人懷疑，她接下來是不是要去參加告別式啊。身材瘦巴巴不說，那個黑框眼鏡簡直要把蒼白的小臉給吃了一樣突兀，也太土氣了吧……」

心中不斷以鈴木女士為目標想些有的沒的。

「那麼，接下來就由本經紀公司的負責人──金山，向各位說幾句話。」

鈴木女士介紹完之後，一位體型超級肥胖、西裝筆挺的男人，從講台的左側慢吞吞地走了出來。

他的年紀大概介於五十五至五十九歲之間吧，雪白的頭髮，搭配雪白的鬍鬚，簡直就像是北極熊一樣。表情很沉穩，就是走路速度慢到跨張……。

此外，手腕上閃閃發亮的勞力士，似乎在說明他的地位。演藝經紀公司這一行，真的很賺吧。

「歡迎各位來到這裡！」

好不容易才走到講台中央的北極熊，露出了滿臉的笑容，對著麥克風爽朗地發出了第一聲。

「各位同學，你們應該都是抱著遠大的夢想迎接今天的到來吧？我們衷心地歡迎各位。今後讓我們一起創造快樂的每一天吧！」

——「唉喲，簡直就像校長，真的是一般學校的開學典禮嘛，八成還會再說一長串很無聊的話吧……。」

我邊想邊打呵欠。

但是我錯了。北極熊接下來的談話，讓我逐漸明白，這裡不是「學校」，而是「社會」這件事。

★指望「公司會照顧你」，根本就是太天真了

「到目前為止，各位應該老是聽到周遭的長輩對你說：要進好學校、要進大公司吧。會這樣告訴你，其實是基於『至少生活可以多一點保障』的想法。某個層面來說，也說明了義務教育的極限。可是啊，進到大一點的公司，就認為自己有保障，這種想法跟幻想沒兩樣。」

——「嗯？怎麼跟學校教的不太一樣？」

一開始覺得很煩，以為致詞會和學校的開學典禮一樣又臭又長，但北極熊逐漸加重談話內容的深度。

「這裡不是學校，什麼都不是。想進演藝圈的人，這裡能夠提供機會給各位。至於能不能抓住機會，就要看各位造化了。想要抓住機會，各位需要極為堅定的意志力。」

意思是……經紀公司完全不提供我們幫助嗎？

「經紀公司絕對不會照顧你們什麼。我們只負責幫助你們抓住夢想。而要抓住夢想，還是要看各位願意付出多少努力。至於付出的努力會不會馬上有回報？很遺憾，答案是不能。請各位絕對不要忘了這一點。」

什麼跟什麼嘛！怎麼說得這麼事不關己啊？也太無情、太沒有責任感了吧。

突然注意到，我前兩排有二個人，一直嘰嘰咕咕聊個不停，可能原本就認識吧。雖然他們以為自己說話很小聲，但是安靜的會場裡，他們的對話可是讓周圍的人聽得一清二楚。

「那個老頭好胖，臉和肚子都圓滾滾，哈哈，好像熊耶。對啦！就像是北極熊啦。」

「肥成那樣，卻說這麼嚴肅的話題，簡直聽不下去，看起來好蠢！」

雖然他們想用講台上聽不到的音量說話，但至少從我的座位可以聽到他們說話的內容。他們說話的當下，北極熊依舊用催眠式的淡定口氣，繼續往下說。

「演藝圈是個體戶的集散地。如果你自己這個商品沒有價值的話，那就沒救了。所以你們每一天都要有意識地提升自我價值……」

話說到一半突然停下來的北極熊，把視線落在竊竊私語說個沒完的兩個人身上。

「呼……」

北極熊先是大大吐出一口氣，然後吼了一聲：

「吵死了!!」

驚！所有新生都緊張了起來。

直到剛剛一副溫厚表情的負責人，他的臉漲紅了起來。原本沉穩的北極熊，頓時化為食人的猙獰巨熊！

「那邊的兩個人，給我站起來。快！站起來！」

那兩個人，大概沒碰過這種場面吧。他們不知所措地從位子上站了起來。

「你們兩個，是自己決定要來這裡的吧？」

剛才高亢的語調，一瞬間又恢復成淡定的口氣。這種變化，反而更奇特地增加了恐怖感。

「我再問一次，你們是自己決定要來這裡的吧？」

「……是。」

「你們想成為藝人，所以才來這裡。為什麼卻在攝影機的拍攝時，悄悄話說不停？太離譜了。我剛剛有提到，這裡不是提供義務教育的學校。我們不需要欠缺自我意志與行動的人。請你們離開。」

兩個人只是呆若木雞地站著，我吞了一口口水。

「這裡不需要對他人視線沒有自覺的人，請離開。」

一臉不可置信的兩個人，或許終於領悟到「這老頭是玩真的」，最後黯然離開了。

整個會場的氣氛倏地一變。

重新恢復沉穩表情的北極熊，不！是負責人，繼續往下說。而我也開始用完全不同的心態聆聽他的致詞。

「基本上，指望公司照顧自己，根本就是太過天真。我想在座的人，應該有很多沒有社會經驗的學生。但是從今天、從此刻開始，你就是一個社會人了。我想請各位先明白這一點。」

所有新生現在都目不轉睛地看著負責人。

「任何情況，絕對不可以依賴周遭的環境，而是要自己思考、採取行動，自立自強。這是在演藝圈生存下去的必要條件，也是最重要的條件。請各位從現在開始不要忘記。

我會一而再再而三地提醒各位，如果不能打從心底了解這一點，絕對沒有辦法在這個殘酷的世界功成名就。」

接下來負責人用下面的話總結，便離開了講台。

「最後，希望現在聚集在這裡的人，明年多一個也好繼續留下來。」

★我們是自己決定要來這裡的

負責人離開講台之後，會場裡的氣氛頓時變得難以形容……。

「是怎樣？那老頭感覺好討厭！」

哎呀，看來坐在我後面的兩個人，好像原本就認識，嘰嘰咕咕不停交談著，不敢相信剛剛發生的事。

我和他們想的完全一樣。

──「不知道經記公司的負責人是什麼樣的角色，有夠跩……。」

雖然內心還是不太服氣，不過感覺似乎有個不一樣的什麼，和我至今熟知的世界截然不同的事物，即將來到眼前的預感越來越強烈。

回首當時，負責人吼的那一句：「吵死人了!!」彷彿戰鼓一樣。

「這裡不是一般的學校，是各位搏鬥廝殺的戰場！」

負責人或許是打算給我們這些站在起跑線上的新生進行意識改革，而這個意識改革，對於絕大多數沒有社會經驗的學生來說夠震撼了。

在我離開演藝圈，轉到一般企業工作後，才明白他說過的話，絕對不僅限

於演藝圈而已。

我們不是在集中營，不會有人不由分說地強制我們工作。

「你不是被誰強押著來的，是出於自己的意志，決定進到這個行業、這個公司來的吧？既然如此，如果你想表達不滿，等同於否定了自己的生存方式喔。」

這句話，不正是面對工作該有的態度嗎？

我們這些出社會的人，毫無疑問是由自己決定生存場所的。

接受這個現實，或許就是一切的開始。

Scene 1 Take 3

自己的立足之地由自己創造

★這就是我們班？

負責人強烈的發言，讓我在毫無防備之下，狠狠吃了一記直勾拳，整個人都發昏了。入所典禮依然繼續下去，只不過我的腦袋一片空白……。等到回過神來，眼前站的又是那一位負責主持典禮，一身黑的女士站在講台上了。

「那麼，今天的入所典禮就到此結束，接下來由工作人員帶領各位到各自的班級。請依照工作人員的指示移動。」

她高亢尖銳的語調，讓我莫名地感到惱火，簡直就像烏鴉，我邊想邊在分不清左右的狀態下，被這個像烏鴉般的女士，帶往標示著「B」的教室。

和我差不多年紀的二十位男男女女被帶到這裡。這就是今後我接受藝人培訓課程的班級。

以後我要和同學們，一起參加每週一次兩個小時的課程。同教室的同學好像都是高中生的樣子，所以感覺就像平常上課的學校一樣。唯一的不同，就是這裡的每一個人，都是「未來的藝人」。

教室裡依照人數擺好了椅子。我不愛出鋒頭，坐到角落不顯眼的位子上。

「各位同學，再次恭喜各位加入金山藝能經紀公司。」

跟剛剛的入所典禮不一樣，現在是近距離，所以烏鴉的聲音顯得更加高亢尖銳。

「這一班可稱為高中班，也就是十五歲到十八歲左右的高中生為主編成的班級。所有人今後都以成為一流的藝人為目標，各位將是一起攜手努力的朋友。前方的路很長，請同心協力、友好地相處下去。」

烏鴉不帶任何感情的聲音，淡淡地說出上面的話，這種人啊，是我從以前就很討厭的類型。

「那麼，接下來就請負責指導各位演技的老師過來，請稍待片刻。」

烏鴉用著尖銳高亢的聲音，制式地播報完畢後，精神抖擻地飛出教室。

★熱血過頭的講師登場

嗯，接下來會怎麼樣呢？

我原本就是容易被欺負的孩子。也可以說我很不喜歡、也不知道該怎麼和陌生人搭話。我決定低頭看著地板等老師來，旁邊的人也一樣，全都不發一語。

沉悶地過了十分鐘後，一個男人走進來，大聲向我們說：「嗨～各位早啊！」

他的年紀大概不到四十五歲，可能平常有鍛練身體吧，白襯衫下面，可以看到精壯的肌肉。整個臉曬得黑黑的，感覺就像「體育型」的男人。

哇～和剛才的烏鴉完全不一樣耶。順帶一提，我也很不擅長應付這種類型的人……。

念頭尚未退去，烏鴉再次進到教室來。

「這位是以後負責為各位上課的宮本老師，有二十年以上武打動作類表演經驗的老手，請各位認真學習！」

「我是宮本！你們的導師，請多多指教囉！」

「各位應該在連戲劇之類的節目裡，看過打鬥畫面吧。宮本老師多年來累積了不少和危險相伴的經驗，是一位天天都不懈怠自我鍛鍊的人。」

「沒有啦，我沒這麼了不起啦。」

「宮本老師非常嚴格律己。武打演出，是一種非常俐落的藝術。就因為宮本老師的自我要求高，所以才能在競爭激烈的演藝圈裡，長年活躍在第一線。各位也要好好學，長久保有演藝圈的工作。」

「沒有沒有，我真的沒這麼了不起，算不上什麼大咖。怎麼可能光每星期來上我的課，就成為一流的藝人。我自己都還在力求發展，就跟學生一樣年輕氣盛啊！」

他好像試圖炒熱班上的氣氛，可我們仍然處於狀況外……。

「請各位務必從宮本老師身上，學到如何在這個世界生存下去的態度，從零開始認真地學起。我就先告退了，希望各位將來都能大放異彩。」

即便站在這麼無厘頭的熱血男人身邊，烏鴉還是非常我行我素，嘎嘎說出

沉悶內容，然後又倏地飛出教室了。哎～這個人還真悶哪。

★什麼自我介紹，沒必要！

宮本老師就像體育老師一樣，以雙腳張開、雙臂環抱胸前的姿勢，站在大家面前。雖然一開始對老師的來歷一無所知，但是真的就像烏鴉說的，他在演藝圈內可是非常知名的實力派人物。算了，我完全不記得自己當時對這件事有任何感動。

「今天我們先來彼此認識一下，下星期開始正式進入課程。不過，既然今天難得齊聚一堂，如果什麼都沒做就解散回家的話，也挺浪費的，各位覺得呢？」

……一片沉默。

「好！我們來稍微活動一下筋骨，起立!!」

「蛤!?」

不要吧，今天就地解散不好嗎……。

「來，和隔壁的同學兩人一組，做一下柔軟體操。好了！大家站起來！把椅子疊到角落！」

啥米呀……？那個……我們都還沒自我介紹耶……。

面對啞口無言的二十個學生，老師毫不在意的直接切入指導教學。我害羞到完全跟不上他的節奏，更別說要跟隔壁的同學一起……。

看來大家都跟我想的一樣，一位同學馬上對宮本老師說：「老師，連旁邊同學的名字都還不知道耶，一般來說，不是應該從自我介紹開始嗎？」

「嗯？為什麼一定要先自我介紹呢？」

「一開始不都先這樣嗎？」

就是說啊！我完全同意，連旁邊的人姓什麼、叫什麼，通通不知道，在學校的話，一定會先從自我介紹開始，這樣才正常吧！

只不過啊，我們的「正常」，似乎不適用在這位老師身上。

「聽好了，各位！剛剛的入所典禮裡，負責人不也說了嗎？這裡不是學校，

所以沒有必要也不需要做自我介紹。」

「可是，突然要我們跟不認識的人一起……」

「嗯？如果沒有我們這些大人按部就班地替你們安排好一切，你們就連和旁邊的人溝通都不會嗎？你們是這種人嗎？」

老師出乎意料之外的話，班上的同學全都傻住了。

「好了。別再以為什麼事情都會有人幫你安排好、做好。在這裡，你們要自己主動去做。我再強調一次，這裡不是學校。別再自己什麼都不想，別人叫一句做一事，千萬不要再有這種想法了。」

老師奇妙的熱血壓倒了我們，我們領悟到，不可能推翻這個人的說法。

「好了～來吧！柔軟體操開始了！」

「老師，我的隔壁是男同學……。男女一組也要做柔軟體操嗎？」

「咦？有什麼道理男女一組不能做體操？」

「……」

老師一反問，那位女同學看來決定硬著頭皮做了，她一副「好吧，做就做。」

的表情。這種情況，果然還是女生比較強，男生反而會一直緊張地心臟撲通亂跳。

「開始做體操囉。首先是……」

至於兩人一組進行的柔軟體操內容……保密。

★如果不主動自我推銷，誰都不會拉你一把

無論是入所典禮的負責人，或是宮本老師說的話，都讓我從入所第一天開始就不知所措。

——「演藝圈到底是什麼樣的世界？從小到大的常識在這裡通通不適用！」

現在回想起來，或許所有的關鍵字就是「自立」吧。

演藝圈，尤其是電視劇，會不斷建立新的拍攝現場，所以經常需要和不同的人碰面，或和第一次見面的人一起行動。

因此，如果自己不表現出積極的態度，新人可能很難順利融入現場環境。

你問我如何辦到？只有「臉皮厚一點」，沒其他辦法了。

「你好！我是〇〇型的人」

像是把自己攤在別人面前一樣，設法讓別人認識自己。這種事不能別人不說自己就不做，一定要主動去做。

一旦嘗試去做，便能發現並沒有自己想像中的難。我現在甚至認為，想要在社會上自立，第一步應該就是從這裡開始吧。

學校和職場不一樣。出了社會之後，不主動把自己推銷出去是不行的，不這麼做根本不會有人主動伸手幫你。

因此，最重要的就是自己稍微鼓起勇氣，只要一點點就好，就能發現並沒有想像中的難。

附帶一提，就像宮本老師說的，沒有自我介紹的必要。一開始做柔軟體操之後，同學之間馬上就熟絡起來了。

Scene 1
Take 4

與集毒舌＋天然呆的山田相遇

★和我完全相反，天生的藝人

十分鐘左右，柔軟體操結束後，教室裡的氣氛稍微緩和了一點，這時，一個高個子的男生跳進來，大聲說道：

「嗨～我是山田！大家好！」

「喂，小子！還沒下課耶！」

「啊！對不起～！」

「咦？你不是剛才典禮上被趕出去的傢伙嗎！挺有精神的嘛。不過今天要下課了喲。」

沒錯！這個自稱山田的人，就是那個在典禮上把負責人惹毛，被趕出會場的傢伙。

「今天就到這裡結束。下個星期開始，開始正式上課。四肢僵硬的話，什麼動作都做不出來了。所以請各位這星期先把筋骨練軟一點！」

語畢，宮本老師熱血高亢的離開了教室。

我鼓起勇氣，和後來才加入我們的山田搭話。

「你好！剛才那個插曲真是災難耶！」

「什麼『你好』，不用客氣！大家年齡都差不多吧，像平常一樣就好啦！」

雖然他沒有回應我說的話，不過，大概感覺得出山田是什麼樣的人了。

我覺得他的個性簡直就是天生的藝人。有很明確的自我主張，屬於任何事都企圖正面突破的類型。他不會為了一點小事就哀聲嘆氣，體格強壯充滿活力，整個人散發著無形的光采，只不過有點莽撞就是了。

至於我，從小就屬於容易被欺負的孩子，很容易附和別人，加上性格懦弱，所以也容易打退堂鼓。硬要形容的話，我是屬於極力避開爭端的類型。為什麼這樣的傢伙想進演藝圈……即使到現在，我自己也想不透。

山田的個性和我完全相反，或許也是好事吧，我和他成了班上最好的朋友。

還有一點，我稍後才知道，山田其實和我同年。

★因為毒舌，成為班上人氣王

「對了，你不是有朋友一起被趕出會場嗎？他怎麼了？」

「喔！那傢伙馬上就不幹了。他說不想在那個自以為了不起的負責人底下做事。」

什麼？第一天就捲鋪蓋走人了……。

「那山田你呢，怎麼留下來了？」

「我啊，一開始也非常火大。不過如果就這樣走人的話，感覺更火大。我要做我想做的事。就跑去跟那個老女人，全身黑鴉鴉，聲音尖得像烏鴉的那個，求她說：『我已經徹底反省了，請再給我一次機會，拜託！』然後我就回來啦。」

果然！就決定那位女人的綽號為「烏鴉」了。我的品味跟山田挺合的，真

開心。

「我才沒有反省的意思咧。大人真討厭，等我變成名人給他們瞧瞧。」

說完之後，山田吐了吐舌頭。這傢伙，有夠幼稚……。

「真的！那個囉嗦的老女人，超像烏鴉。那剛剛的老師呢？也幫他取個綽號吧。」

「什麼？喔……有了！就叫他腦殘肌肉男吧！」

「也沒什麼特別的嘛！」

「你有其他更適合的嗎？沒有吧！你們不覺得他就像腦殘的肌肉男嗎？」

雖然山田比較晚才進教室，但是他卻能落落大方地徵詢同學的意見。班上同學看來深有同感，有人跟著說：

「哈哈哈！腦殘肌肉男！就是這個啦，再怎麼想，就是腦殘肌肉男啦！」

大家一起笑開了，山田取的綽號，成了班上的共通語言。

話說回來，「腦殘肌肉男」和「烏鴉」……簡直就像毒舌派藝人會說的話。

哎……年紀輕輕就造口業啊（笑）。

Scene 1
Take 5

連「招呼」都打不好，再有本事也無法成功

★烏鴉和山田吵起來了？

進入經紀公司後，終於要以培訓生的身分接受課程訓練了。每星期三下午七點開始上兩小時，我們要學的，不僅僅是身為演員的專業能力，還有學習在演藝圈生存下去絕對必要的各種素養，各式各樣的才藝訓練。

前方有什麼在等著我呢？我一定、一定能紅起來的！好好做就能成為大人物，雖然我絕對不是引人注目的類型，至少還是有鬥志的。未經世事的十六歲高二生，只有野心不斷成長。

快走到教室時，看到有人在教室門口吵架。

「到底是怎樣，我哪裡做錯了？莫名奇妙！」

「因為你沒有好好打招呼，就這樣！請從進教室的地方再來一次。」

啊！是那個高亢的烏鴉。另一個人是……山田？

沒錯，山田和烏鴉在教室門口吵起來了。

「嘖！早～」

山田很明顯地一臉不耐煩，一邊不滿地咂嘴，一邊向烏鴉道早安，然後走進教室。（註：日本的演藝圈很不可思議，晚上不說「晚安」。因此即使是深夜的外景拍攝工作，也是用「早安」打招呼。）

「再來一次。請出去，重新來一次。」

「為什麼？妳欺負人啊！」

到底怎麼回事，那兩個人在做什麼？

「我說，請出去。重新來一次。」

雖然完全搞不清楚狀況，直覺和他們扯上關係會很麻煩，最好閃遠一點。

於是裝做沒看見，悄悄走進教室。結果……

「好，你也一樣。請你和山田同學一起出去。」

「什麼？什麼跟什麼？」

我不自覺地做出和山田一樣的反應。

★打聲招呼就行了吧

我們兩個困惑地並排而站，這時一位女同學很有精神地打了招呼說：「早安！」然後順利進到教室裡。

而烏鴉也笑著和女同學打招呼。

看到這一來一往，我才發現，原來烏鴉是要我們進教室時打招呼。

──「什麼嘛，這烏鴉有夠囉嗦，一副很了不起的樣子……。」

我心裡對烏鴉的惡劣，氣到說不出話。我默默走出教室，重新再試一次。

「早……安。」

用很懶散的語氣打了招呼。我倒不是因為討厭烏鴉，才用這種語氣，而是我平常就是這樣子打招呼。烏鴉毫無商量餘地的丟出一句：「還是不行。重來一次。」

我不爽到了極點，回問烏鴉：「請問，到底是哪裡需要改進？」

「就是打．招．呼！」

烏鴉用冷漠的表情，平靜地回答。奇怪的停頓語氣，讓人感到更加火大。

「我說，真是莫名奇妙！什麼跟什麼，妳這隻烏鴉！就只會對我們鬼叫鬼叫！」

山田為了我開始反駁烏鴉。

「……烏鴉是誰？」

烏鴉的眉頭略略一皺。話說回來，也不過就是打招呼嘛，有必要這樣折騰我們嗎？

★不懂得打招呼，將毀掉所有人的夢想？

「你覺得『早安』只是用嘴巴說說就算打招呼嗎？」

「嗯？」

「你打招呼的時候，有沒有注意自己要好好看著對方？聲音會不會太小？語氣有沒有精神？」

烏鴉連珠帶砲地對罰站的我們，指出打招呼的種種缺失，最後她又說：

「腳踏實地活著的人，打招呼也很確實；懶散的人，打的招呼就會跟他的人一樣懶散。

聽好，演藝圈就是從打招呼開始，以打招呼結束。你們先學好怎麼打招呼，因為所有的一切就是從這裡開始。」

「只不過是一聲招呼而已，為什麼要被妳數落成這樣！我們又不是什麼好學生！」

不知道山田是不是氣壞了，他極力和烏鴉唱反調，但是對方一步也不退讓。雖然她看起來很隨和，內心卻十分頑固啊。

「連打招呼都做不好的人，絕對沒辦法上場。既然沒辦法上場，所以也沒有必要在這裡接受訓練。你們知道為什麼嗎？」

「不知道！」

「因為這裡的所有人，不！是經紀公司旗下所有人的夢想，都會被這種人給毀了。」

「夢想……毀了？」

「沒錯。這種人會毀了別人的夢想。」

「為什麼打招呼做不好會毀了別人的夢想？我不明白。」

「這種事情，請自己好好地想一想。上課第一天就這樣子，你們的未來還真令人擔心。算了，今天先到這裡，你們進教室來吧。」

「什麼跟什麼，煩死人了！」

山田一邊發著牢騷，一邊故意不看烏鴉，直接走到教室後面去。

烏鴉剛才露出的強勢眼神，令我留下了深刻的印象。

她那炯炯有神的目光像是在說：「這一點，我絕對不會退讓！」

★打招呼最大的意義，在於你給別人留下了印象

無論公司、學校，或是家裡，都教過打招呼的重要性，但是不知道為什麼，打招呼在演藝圈的重要性格外不同。

「不懂得打招呼的人，即使有本事也不會得到認同。」

這是一個不懂得打招呼，連人格都會被否定的世界。

烏鴉的嚴厲指導，當時的我無法不覺得「再怎麼說也太大驚小怪了吧！」但是當我離開演藝圈，轉而投入了上班族的行列之後，當時接受的指導幫了很大的忙。

當顧客或上司對你說：「你的問候讓人感覺很舒服。」抑或是反過來被他人認為：「這傢伙，連招呼都打不好！」你覺得兩者的差別在商場上，具有多大的意義呢？

話說回來，烏鴉所說：「不懂得打招呼的人，將毀了經紀公司所有成員的夢想。」

這句話的意義，各位明白嗎？這算是演藝圈才有的潛規則，不過……，正確答案稍候揭曉。

Scene 1
Take 6

我們的招牌經紀人，他的名字叫「遠頭」

★濃濃關西腔，配上滿臉鬍渣，他就是我們的經紀人？

上課的第一天，我很期待要做什麼，但是課程內容不過是上週的延續罷了。一開始先從徹底的柔軟體操開始，打好基礎體力，然後發聲練習、快步走路……。

「各位，不只是演藝圈，做任何事情除了基礎還是基礎。以後站穩第一線所需要的技能，現在就把它磨練好！今天的課程到此結束！」

腦殘肌肉男的大音量才剛響完，教室門口就傳來了一聲非常客氣的聲音：

「各位，打擾了。」

是剛才和我們吵架吵很久的烏鴉。她後面跟著一位比烏鴉還矮，而且滿臉鬍渣的男人。

「今天要和大家介紹一下，這位是你們班的經紀人——遠藤先生。」

「嗨，我是遠藤呀。大家好！」

濃濃的關西腔讓班上同學藏不住滿臉困惑，我也不例外。這個不修邊幅、滿臉鬍渣的人，似乎是我們的經紀人……。

藝人大多有專屬的經紀人，幫忙安排工作行程、片刻不離地打點藝人身邊大大小小的事情——我想這是一般人對經紀人的印象吧。但其實只有極少數夠紅的藝人才有這種待遇，像我們這種初出茅蘆的藝人，則是由一位經紀人負責包辦「一群人」的經紀事務。

★想當藝人，居然比經紀人還不起眼，怎麼行呢？

經紀人遠藤從第一句話開始，就把我打敗了。他年過三十五歲，因為工作關係，經年穿著西裝，但臉上卻是完全沒有修整的鬍渣。或許有點失禮，但我實在看不出來他有多能幹。

「你們別看他這樣，遠藤先生在關西知名的大型經紀公司時，擔任一位超級巨星的經紀人很多年，一直都做得很好喔。」

「鈴木姊，說話很難聽耶～，『你們別看他這樣』這句話太多餘啦！」

經紀人反應超快，馬上就搶了烏鴉的話。哇～這個人好有特色喔。

遠藤先生是關西人，他的經驗在經紀公司算是數一數二的豐富。只是，他明明在東京工作了很多年，卻還改不掉濃濃的關西腔，真像那個暴牙的超級搞笑藝人（註：明石家秋刀魚）。

我們幫他取了個叫「遠頭」的綽號。負責取綽號的，當然是山田。

遠藤在經紀公司算是很鮮明的存在，不光是外型很有特色，聲音也不是普通的大，最重要的是他非常能言善道。

一百六十五公分的身高，個子很小但說起話來反應誇張，擅長給對方壓迫感。他的雙手總是使勁揮不停，而且超級靠近別人的臉。

我一度以為演藝圈的經紀人都是這種人，當然沒這回事，也有屬於省話一族的經紀人。

「遠藤先生真的很有特色耶~」

「哪有！我很普通啦。」

「可是，經紀公司裡面，你最有特色，遠遠就能看出是你！」

「嗄？蠢蛋啊你！怎麼能輸給我呢!?你們這些小子真的有心要當藝人嗎？」

「想啊……」

「如果你們想當藝人，卻比我這個經紀人還要不起眼怎麼行呢？有空評論別人，還不如把時間拿來磨練自己的特色，少在這邊說蠢話了！」

雖然只是走廊上的閒聊，卻說出情緒這麼高昂的話，而且還「啪~」的用力拍人家的背。喂！很痛耶。

遠頭說的話，到底哪些是真的？哪些又是開玩笑？讓人完全猜不透，從某個角度來說，他算是個「狠角色」。

★因為舌頭長，所以口齒不清？那我來幫你剪短一點！

這是進入經紀公司後，第二個月某一天發生的事情。

想混演藝圈，口齒不清晰不行，這也是理所當然的要求。畢竟不論電視或是舞台，表演者說的話若讓人聽不懂，就沒有意義了。

很不幸，我有這樣的困擾。尤其是「ＳＡ」行的字，怎麼發都不對，於是跑去找遠藤聊。

「遠藤先生，我說話很不輪轉，動不動就吃螺絲，該怎麼辦呢？」

「你覺得原因是什麼？」

「大概是我的舌頭比別人長、比別人大吧。是嗎？」

「嗯……如果是真的，那你就要比別人多練習幾倍，想辦法克服。我問一下，你一天練習多久？」

「大概三十分鐘左右吧。可是……這種練習，別人也沒特別在做吧。」

「嗯……這樣的話……」

看著陷入沉思的遠頭，還以為他很認真地傾聽我的煩惱，我真是錯得離譜。

「你把舌頭伸出來給我看看。」

「啊～～」

「喔～原來如此，舌頭確實比較長，難怪說話不輪轉，等我一下。」

說完後他離開座位，走到置物櫃拉抽屜開開關關，發出翻找的聲音。

「有了，在這裡，找到了。」

滿臉笑容的遠頭，手上拿著金光閃閃的東西，仔細一看，居然是一把大大的……剪刀。

「來，我來幫你把多餘的舌頭剪掉。來～把舌頭伸出來。」

「什麼？」

「我說把・舌・頭・伸・出・來。我來幫你把舌頭剪短，那個太長、太大，讓你不輪轉的元兇啦。」

咔嚓咔嚓……咔嚓咔嚓……咔嚓咔嚓……

一邊讓剪刀發出聲響，一邊向我逼近，他的表情一點都不像開玩笑。

「來呀，把舌頭伸出來。」

「對不起！當我沒說過!!」

「蠢蛋啊你！說話口齒不清是因為舌頭太長？白痴喔！有時間想這些有沒有的事，不如去給我練習一百次、一萬次。如果再像今天一樣，跟我抱怨些有的沒的，我就真的把你給剪了，蠢蛋！」

這就是遠頭會做的事。

★沒有先盡全力，就別找人幫忙

現在回想起來，或許這就是遠藤想教我的事情。

「自己沒有先努力想辦法解決，就別一副假正經地找人商量！」

當時的我，每次碰到障礙或自己辦不到的事情，就找藉口逃避。都是別人不好，都是這個社會不好，都是自己的長舌頭不好……。

可是仔細想想這些問題，只要動點腦筋，大部分都可以自己解決。

「動不動就向人發牢騷的人，不會有所成長。」

這就是遠藤先生想表達的。

直到現在，一閉上眼睛，仍然可以看到揮著咔嚓咔嚓剪刀向我逼近的遠藤先生。想到他當時搞不好真的會把我的舌頭給剪了就寒毛直豎，他的演技比我這個遜咖好太多了（那一定是演技吧）！

Scene 1
Take 7

連基本功都做不好，到底能成就什麼？

★上不完的乏味課程，一下子就膩了

演藝圈總是給人光鮮亮麗的印象。一進到經紀公司，接受表演訓練，三兩下出道瞬間爆紅，走在路上隨隨便便就有女孩子圍上來，興奮地向我要簽名：

「不好意思，我在電視上看過你，可以幫我簽個名嗎？」

而我就算內心無可奈何，還是說出：「真拿妳們沒辦法，這是特例唷。」

然後在紙上大筆一揮……。

我這個未經世事、青春正盛的高中生，帶著上面的幻想進到經紀公司，不過等著我的卻是完全相反的世界。

超級無聊，不斷進行重複又重複的練習。

「A、E、I、U、E、O、A、O……」

大家齊聲拚命做發聲練習。又不是小學生，這種反覆練習，對我們這種處於尷尬善感年紀的高中生來說很難為情耶。

無聊的訓練不只有發聲練習而已，還有柔軟體操或基礎體力訓練等等，這些毫無變化的內容，每星期一次兩個小時的課程中，不斷地反覆下去。進到經紀公司已經有一段時間了，我們連練習用的劇本都還沒拿到。這種幻想與現實間的落差，讓我感到厭煩極了。

更何況有這種想法的人，不只有我一個人。

「哎喲……好沒意思喔。」

「每次都做一樣的事，肯定會無聊的嘛。」

下課後，我一定會和山田或班上同學大發牢騷排解壓力。

「而且我們每個月還繳了不少錢，讓我們開心一點是會怎樣。」

「再不來點別的，我要撐不下去了。」

★該讓我們練習演技了吧

正當我們站在走廊上，你一言我一語地大發牢騷時，腦殘肌肉男老師，從我們的眼前走過。

山田這個人，心裡想到什麼就會直接說出口。從入所典禮被負責人趕出會場開始到現在都沒變，而他這次也攔不住自己的嘴巴，直接和腦殘肌肉男商量起來了。

「我們也差不多可以練習上電視的演技訓練了吧，不行嗎？」

帥喔，山田！說下去！（內心大聲叫好）。都兩個月了，讓我們做做電視上看到的表演訓練很正常吧，不是嗎？

腦殘肌肉男表情一變，開始訓起話來直截了當地說：「哼！少自為是！」

山田一聽滿臉不爽，回說：「哪裡自以為是？」

「經紀公司要我來，是希望我培養出能在這個行業長久生存下去的藝人。我從來沒見過基礎不先打好，還能一直活躍第一線的傢伙。憑你們現在差勁的表現，想要正式學演技還早得很。」

「你說的沒錯，我們知道基礎很重要，但是同時學好演技也沒多難吧！我好歹也是看電視長大的，就是認為自己也辦得到，才會加入經紀公司啊。」

山田面對腦殘肌肉男絲毫不退縮。加油！山田！

「哼！還真敢說。我看你只有膽量稱得上一流而已，這點倒是值得稱讚。」

糟糕！正當我感覺有不太妙時，腦殘肌肉男說了出乎我們意料的話：

「首先，你連走路都不像個樣子。」

「什麼？我不明白。」

山田不可置信的打破砂鍋追問下去。

「哼，那好，你跟我來。」

哇！是要揍山田嗎？

「對了，你也一起來。」

腦殘肌肉男對我說。

「你讓山田說出了心裡的話，但是你走路也很不像樣，所以一起過來。」

嗄！被發現了。

★我走路的姿勢，原來這麼難看……

腦殘肌肉男帶我們進到剛剛上課的教室。

「好，我要錄下你們走路的姿勢，你們就用平常的走路方式，走到那個角落去。」

說完之後，他按下攝影啟動鍵。

「為什麼還要特意走給你，也太無聊了吧！完全搞不懂有什麼意義。」

「閉上嘴不要多問，照我說的去做。」

──「把我們當白痴啊！」雖然這句話沒說出口，但都表現在臉上了，山田依照肌肉男指示，從這個角落走到另一個角落。

「好，換人。你也一樣，從這裡走過去！」

我也依照指示，從教室的一角走到另一角。什麼演技都沒有，只是單純的走路而已。

「好了，你們兩個過來看看。這恐怕是你們第一次認真看自己走路的樣子吧。」

肌肉男把剛拍好的影片，用教室的螢幕放出來。

我和山田，一邊發牢騷，一邊探頭看向螢幕。結果，螢幕上播出的影片，糟到讓我們很想自己挖個地洞鑽進去。

山田的肩膀左搖右晃，走路姿勢還真不好看。而我則是駝著背，眼睛盯著地面走路。

「原來我走路的姿勢這麼難看……」

山田不自覺說出了內心話。而我整個啞口無言，內心太受傷了。

「看吧，連單純的走路都走不好，你們以為，這種人能在電視圈混下去嗎？」

「……我們可以演小混混啊。」

「你想幾年、幾十年都靠小混混的角色混飯吃嗎？真的嗎？」

「……」

「聽好了！基本功就是這麼一回事。你們這些菜鳥，就是因為沒有能力才要勤練基本功。有空發牢騷，不如回去花時間練習！」

腦殘肌肉男的話，讓我們兩個擠不任何一句話來反駁。

★讓自己開心的工作，和對自己有幫助的工作，完全不一樣

想混演藝圈，就要把基礎徹底打好，這一點和外人眼中所看到的光鮮亮麗完全相反，只是一連串單調而枯燥的作業。長年活躍第一線的演員或藝人，正是因為累積了樸實乏味的練習，徹底打好基礎，才能面對時代潮流的要求不斷變化，繼續在演藝圈生存下去。

忽略單調乏味的練習，就不可能成就他人眼中的光鮮亮麗；沒有經年累月的持續，就不會有更進一步的成長，這就是我當時學到的。

腦殘肌肉男有幾句話，深深烙印在我腦海裡：

「自己覺得開心的工作，和對自己有幫助的工作，兩者是不一樣的。無論你覺得再無趣，此時此刻能不能認真踏實地持續單調乏味的練習，就決定了你的未來。如果盡挑快樂的事情做，等於剝奪了自己的可能性。」

這個道理，應該適用在所有的工作上吧。
沒有踏實而認真的累積，就不可能抓住通往夢想的成長之鑰。

Scene 1
Take 8

自己選擇的路，那就稍微吃點苦吧

★你說的順其自然是什麼意思？

雖然我沒有資格說什麼，然而演藝圈裡，「受歡迎」的藝人和「想要受歡迎」的藝人，真的很不一樣。

我們的班上也一樣，有超自律、努力不懈的人；也有經過好幾個月，依舊無法跳脫學校感覺的人。後者自然而然隨著時間被淘汰了，尤其是沒有什麼強烈欲望，對自己要求也不高，以為「只要定期來上課，有一天會成功」的人。

這一天我們在腦殘肌肉男的號令下，開始鍛鍊腹肌。

「仰臥起坐三十次，開始！」

這項課程，男生女生沒有特別差異（雖然男生通常被要求做更多）。

但女同學中，仍然有人無論如何都辦不到。比方說「小香」連十次都消化

不了，在我的面前「啪！」地一聲倒下。

無論是誰來看，都會覺得小香渾身散發著一股奢華感。她的身高大約一百五十多公分，據說很擅長畫畫。從小就大量翻閱少女漫畫，由於嚮往當女演員，加入了這家經紀公司。

課程開始後不久，當她明白這種和女演員生活無關的日子，要一直持續下去時，可以明白她有多沮喪。

「啊～我不行了～!!」

小香忍不住出聲抱怨時，腦殘肌肉男張腿站在她面前說：

「喂！拿出毅力，用盡全力！多少也要吃點苦吧！如果腹肌連最低限度的力度都沒有，根本不可能做好一件事！」

「可是人家平常都沒有在做這些。我都是照自己的步調來，順其自然就好了嘛！」

不知道是不是上課的鬱悶及憤怒積壓太久，小香回嗆起來了，而這句話點燃了魔鬼教師的心頭的一把火。

「順其自然？妳說的順其自然是什麼意思？」

「順其自然就是順其自然嘛！」

面對豁出去的小香，肌肉男也被激怒了。

「開什麼玩笑！什麼成績都沒有的傢伙，想要順其自然？妳以為妳是誰？妳給我用力把背伸直！」

教室裡一片靜默，被肌肉男嚴厲斥責的小香，當場哭了出來，奪門而出。

★一事無成還想順其自然，離譜透頂！

看到小香哭了，山田也開口頂撞起腦殘肌肉男：

「有必要說得這麼過分嗎！」

但是他一動也不動，依舊張著八字腿，開始訓話：

「我已經說過很多次了，這裡不是學校。而我是為了實現你們的夢想，來教你們一定要會的事情以及如何去實踐，這就是我的工作。如果放棄這一塊，

我在這裡也沒有意義了。所以，就算聽起來很刺耳，我也要明白說出來。」

「每個人都有自己的個性啊！」

「哼！這就你說的順其自然嗎？一事無成的人，有什麼資格用順其自然這個字，不覺得很離譜嗎？必須用企圖心去打破自己設定的界限，咬牙努力才行！」

最後，還丟下這句話：

「想要抓住夢想，就看你願意給自己多少磨難！」

斯巴達教育！真的是體育型的象徵……。

被腦殘肌肉男罵意志薄弱的小香再也沒來上過課，默默退出了經紀公司。

「哎……這個地方……沒有任何人會幫我們。」

就算現實惹人厭，我們還是要去面對。

因為憧憬電視連續劇的世界，來加入經紀公司的人，多如過江之鯽。以為只要學會演戲，就能在演藝圈如魚得水。沒想到我們能做的只有每星期不斷重複的肌力練習，這種落差，所有同學都受不了。小香離開後，接連出現因

為受不了嚴格訓練而離開的人。

★連點苦都吃不了，怎麼可能有所成長？

當時我不認同腦殘肌肉男的做法，因為「每個人的步調不同，勉強硬撐怎麼會好呢？」

但是當我當上管理職後，想法有些不同了。腦殘肌肉男，也就是宮本老師，他所說的一切全是對的。他的說法或許過於嚴厲，但這是因為他必須專汴面對隨時可能受傷的拍戲現場，長年下來養成的態度吧。

仔細想想，一心想在演藝圈立足的人，真的多不勝數。光是同一間經紀公司裡就已經競爭激烈了，更別說東京都內的眾多經紀公司彼此之間也是競爭對手。因此，至少在班上要名列前茅，才有資格站上起跑線。

最近，有很多初出茅蘆的人，抱著自己是「世界上唯一一朵花」的心態出社會。社會並非養花的溫室，而是毫不留情的激烈競爭。一事無成的人，根

本沒資格用「自己的步調」、「順其自然」的方式過活。

如果有個新人跟我說：

「我有自己的步調，請讓我照自己的想法做。」

站在主管的主場，可就傷腦筋了。你有走在前方的前輩，如果不拚命點追上去的話，永遠不會有迎頭趕上的一刻。

想抓住夢想最不可或缺的意識，就是給自己挑戰的目標。如果沒有抱定吃苦的態度，人又怎麼會成長呢？

有夢而不去抓，不過就是一場空，而夢想不是輕易就能抓住的。你是不是個只會空幻想，卻走在隊伍最後面的那一位呢？

Scene 1
Take 9

拚出成績前，別用興趣逃避現實

★比起上課，更期待下課後的麻將

說實話，無論上了多少次課，每星期的課程都不曾讓人感到有趣。一開始因為踏入未知的世界，好奇心戰勝了一切，然而一旦習慣日復一日的單調課程，緊張感也跟著消失了。

加上周圍都是年齡相仿的朋友，一聊起來總是沒完沒了，就像平日在學校一樣。逐漸地，我們對課程失去了興趣，反而比較期待下課後要做的事情。

沒錯，我們開始光想著下課後的玩樂，開始在課堂上混水摸魚了。結束嚴格課程的解放感，真是棒極了。我們總是在公司的休息室裡，熱熱鬧鬧說些有的沒的。

話題大多是我和山田最喜歡的「麻將」。

其實山田家裡很有錢，住在東京地段最好的獨棟透天住宅。他家有全自動的麻將桌，一找到愛好麻將的同學，他會馬上邀請對方一起熬夜打通宵。

只不過這裡終究是專業人士的世界，我們所有小動作都被「掐」得死死的。

山田先說道：

「今天又是無聊的課，什麼都沒有學到。說真的，滿腦子都是之後要做的事。」

我接著說：「那是因為，你有玩這個吧？」

一邊做出把麻將牌推倒的動作。

「對，沒錯。明天放假，所以今天下課後，我要來打一場通宵麻將。人都找好了，我一直在想這件事，剛剛腦殘肌肉男上了什麼，我一個字都沒記住。」

「我懂我懂！今天很『High』就對了，感覺好像能連胡好幾把～」

「哈哈哈，說得好～」

★你們居然還有閒情逸致玩？

我們聊麻將聊得正開心的時候，後面突然傳來一聲「喝！」，嚇得我們「哇！」地跳起來。回頭一看，後面就站著雙手環胸的肌肉男，露出了詭異的笑容。

「你們兩個，剛剛在聊什麼呀？」

「呃……就是……聊最近職棒的事……。」

「嗯哼，職棒裡面，有球員叫做『連胡』嗎？」

慘了！剛剛我們的對話，該不會被聽光光了吧。

山田豁出去的回答說：「好吧，其實我們喜歡打麻將，剛剛就聊這個。」

「麻將？你們不好好復習上課內容，還有時間聊這些？」

「復習上課的內容？才沒有那種力氣咧。」

「想在這裡聊什麼興趣，乾脆早早退出經紀公司。不用留在這裡吃苦受罪，回家好好玩不是更好嗎？」

這種論點也太不講道理了吧！我驚訝得瞪大眼睛，而山田則回嗆：

「為什麼？聊聊都不行喔？」

「不是不行，是不可能。照理說你們現在應該全心投入眼前的課題，專心追求成果，沒有多餘的能力做其他事才對。」

「……我只是覺得，有一些興趣也不錯吧。」

「你啊，今天課程上教的動作記熟了嗎？」

「我沒在聽……」

「所以像你這種人，在這個地方聊興趣，不是很奇怪嗎！你是自己主動想進演藝圈的吧？既然如此，至少要把最初的一年，全部投注在這件工作上，這是最起碼的態度。」

「興趣對轉換心情很有必要啊。」

「才不是，根本就不是轉換心情，是逃避！只是想逃避自己做不來的事實。你給我聽好，工作啊，如果不正面迎戰，毫不逃避的戰鬥到最後是不行的。想靠興趣來轉換心情？這種人一定不會成功。」

「……」

「只要有心就能做到，這才叫男人。我說完了。」

他丟下了這句話，然後轉身離開了。

「什麼嘛，故意耍帥丟下一句奇怪的話！還不是只想說教而已！」

急躁的山田好像很惱火，但我只是暗自竊喜，肌肉男罵的不是我（山田，不好意思呀）。

★我們是為了實現夢想，才來到這裡

「人生總有一段必須傾注一切來面對挑戰的歷程。忘掉嗜好，埋首工作。」

我和許多同學，一直覺得演藝圈應該很有趣，其中不少人很難忍受現實的落差，幾個月後，班上就有三分之一左右的同學離開了。

以現在的角度來看，我不認為那些是無理的要求也算不上痛苦。畢竟我們是為了實現夢想，才會來這裡。

如果不卯足全力，根本就不可能在演藝圈成功。演藝圈也不是努力馬上就

有回報的地方，為了一時的放鬆，輸給了玩樂的誘惑，就很難找回衝刺的動力了。腦殘肌肉男就是明白其中的危險，才會嚴詞以對，希望我們專心在工作上。

什麼？你問我後來有沒有戒掉麻將？

答案任由各位想像……算了，所以我才紅不起來嘛（笑）。

Scene 1
Take 10

工作不是等人給，要由自己主動爭取！

★我不是為了上無聊課程來的

三個月的時間過去了，班上同學逐月減少，他們事前沒有告訴任何人，只是突然間就不來了。其中難以言喻的心情，很接近生存遊戲。

我當然知道上課很重要，因為不努力就不會有開始。但是毫無變化的日子久了，任誰都會覺得很難熬吧。

下課後，我照例在休息室裡，和山田一起抱怨不停。

山田先開口：「我說，你是怎麼想的？」

「嗯，這個嘛……」

「跟我原本想的完全不一樣嘛。根本就沒有電視的工作找上門，只是一直重複無聊的課程。」

沒錯！根本就沒有工作找上門，一件都沒有。本以為每星期不缺課，忍受腦殘肌肉男嚴格的訓練，工作就會找上門，但事實上並非如此。

「我就是為了上電視才來的嘛，結果完全不是這麼回事，你不覺得奇怪嗎？」

「覺得啊。」

「肌肉男每個禮拜都跟我們說教，有夠火大的。我可不是為了聽他說教才來，再照這樣下去，乾脆離開好了。」

有了之前的經驗，我很注意周圍的一舉一動。還好，這次沒看到腦殘肌肉男。才一安心，遠頭便走了過來。

「啊！是遠頭耶。來得正是時候。」

★到底什麼時候才能夠得到工作呢？

天不怕地不怕的山田，直接問起遠頭。這傢伙，永遠憋不住話。

「我想問一下，為什麼完全沒有工作找上我，到底什麼時候才會有？」

遠頭「啥？」地一聲，同時露出「你是蠢蛋嗎？」的表情。

「我是說，什麼時候才有工作上門呢？我們加入經紀公司已經三個月了。無聊的課沒完沒了，我又不是為了這個才來的。」

「工作？你說什麼鬼話？工作要靠自己主動爭取！」

「自己爭取!?」

「對呀！你以為誰會平白無故給你工作啊？」

「可是……一般不是都這樣嗎？」

「爛死了！你這個小屁孩。不光是演藝圈，基本上，工作都不是天上掉下來的，是要靠自己去爭取，靠自己的雙手贏來的啦。」

「要用贏的？要用爭取的？」

「連這麼基本的事情都不懂，我看你什麼工作都爭取不到啦。自己好好想一想！」

說完後，遠頭轉身離開。

「真是夠了！這裡的大人和學校老師有什麼兩樣！光會說教！而且自顧自說完就走人，遠頭和腦殘肌肉男都一樣！」

山田這個禮拜牢騷發個沒完。但是遠頭剛剛說的話，我卻莫名地耿耿於懷。贏得工作？爭取機會？

我從來沒有這樣想過。因為無論是老師或父母，只會對我說：「考上好一點的大學，然後到好一點的公司上班。」

對當時的我來說，某種意義下，進到好公司就等於終點。

離開學校到公司上班，公司自然有主管，他們交代你做什麼你就做什麼，這就是一般的社會標準模式吧。

但演藝圈不一樣。不是加入經紀公司之後，工作就會不斷找上門。待在經紀公司三年以上，卻連一件工作都沒有的人可是多得很呢。

對還是學生的我們來說，總覺得歸屬於一個組織，就等於到了終點一樣，但那其實不是真正的終點。

社會是由激烈的競爭所構成。即使有幸成為一流組織的員工，並不代表抓

住了什麼，充其量只是站上起跑點而已。

工作是要靠自己的雙手拚出來、贏過來。若想要實現的夢想障礙越高，越是如此。

「時時讓自己像一頭空腹、飢餓的狼一樣。」

我想這就是經紀人想告訴我們的吧。只要有這種想法，就會改變你看待眼前事物的態度。經紀公司的工作人員確實都很嚴厲，目的是為了讓我們覺察到最基本的事情。

Scene 2

第二章

在拍攝現場學習到成名的必要條件

Scene 2
Take 1

第一次在拍攝現場學到正式錄影前的驚人準備量

★第一份工作是跑龍套

一通毫無預警的電話，突然間打了過來。

「喂，這個星期六有件電視台的工作，你的行程ＯＫ嗎？」

這是到經紀公司大約半年後的事情，也就是被遠頭狠念「工作要靠自己去爭取，要靠自己的雙手贏得」的三個月後。

這是我第一次接到電視台的工作。當時遠頭總是讓我以為，工作距離我還很遠，所以接到通知的當下，甚至有點失落的感到：不就這麼簡單找上門了嗎？

但我明白，這件工作不算「靠我自己抓住的機會」，我只是個沒什麼台詞的眾多「臨時演員」之一而已。

即使工作內容不起眼，能參與現場拍攝是事實。雖然我不是電視劇裡重要的角色，但是以一個新進藝人、社會新鮮人來說，仍是不可多得的「社會經驗」。下面讓我來介紹幾個小故事吧。

★五秒鐘的片段，花三十分鐘彩排

我第一次演出的電視劇，是當時正紅的兩位演員，雙主演演出熱血教師的連續劇，而且是全國同步播出。

外景地在涉谷車站ＪＲ鐵路沿線，一個現在已經不存在的公園裡。包括我在內，同公司的五個男孩子被派去扮演小混混，糾纏當時默默無聞後來成為超級歌手的ＨＡ。

好了，我開始做準備，要拍攝一場在公園裡打鬥的場景。故事設定如下：小混混的其中一個人，挑釁坐在長椅上的ＨＡ，然後和ＨＡ的朋友發生爭執，接著在公園的玩沙區，展開一場激烈的打鬥。

臨時演員事前沒有拿到劇本，必須當場聽從指示即興演出。

我原以為只需要「啊～打～啊～打～」地喊叫，在不受傷的範圍內做做動作，「三兩下」就能拍好，結果和我想像的完全不一樣。

在連戲劇裡，打群架的場面僅僅五秒左右就過去了。不過為了那區區五秒，從細部的動作到表情、身體的方向到倒地的時機等所有步驟，導演都為每個人一一做出詳細指示。結果短短五秒的鏡頭，花了三十分鐘不斷重覆彩排。

不單是演員，連攝影師也一而再、再而三地檢查拍攝角度。為了呈現最佳的臨場感，他們做遍了各種嘗試。

我第一次知道，平常在電視裡看起來沒什麼特別的鏡頭，卻要花上這麼多時間準備、製作，所以真的很驚訝。

打鬥之類的場景，只要步驟稍有不對，便會受傷。以不發生意外為前提，又要呈現影像的真實感，導演及攝影師一起仔細地反覆推敲，沒有問題才會正式開拍。

但我們既無概念也沒有足以應付的實力。

★什麼逼真打鬥，根本就是幼稚園小鬼在玩耍！

「喂喂！你們的動作根本不能看嘛！給我好好演出可以上電視的畫面！」

導演很煩躁地喊著。

「可以上電視的畫面……？」

直到我們看了拍完的影片，才了解導演的意思。螢幕上播出來的片段，糟到連我們都看得出來，簡直就像是幼稚園小朋友在嬉戲打鬧。

我單純地以為，只要做做打架的樣子就好了，真是錯得離譜。所謂的表演除了必須將每一個動作都做到位，同時還要考量到拍攝角度，把氣氛傳達出去才行。

腦殘肌肉男以前說過的話，突然浮現我的腦海。

「你們根本連基本功都學不好。不先把基礎徹底打好，在拍攝現場是行不通的。」

生平第一次的拍攝經驗，才讓我真切地感受到，資深藝人們有多麼厲害。

當時我想若由腦殘肌肉男來演這一場戲，一定會演得讓觀眾捏一把冷汗吧。

★千萬別忘記檯面下的準備「功夫」

「所有工作的品質，取決於事前的準備功夫。」

這句話無論在何種行業，都是不變的普世原則吧。

從小開始看的電視節目，一直以來給我的印象，好像不需要花多少功夫就能完成，但是當我初次到現場，才發現我錯得太離譜了。

即使表面上看似不需要努力就能完成的工作，其背後卻花費了無法想像的準備功夫。沒有察覺到這一點，只是看看表面、學學皮毛，演出的內容就會顯得非常膚淺。我們演出的打鬥場景，就是幼稚園小朋友的嬉鬧。

任何工作，只從表面上來理解所看到的事物，可是大錯特錯。千萬別忘記，其背後其實存在著大量的準備功夫。如果忽略這一點，就無法掌握工作的本質了。

Scene 2
Take 2

拍攝現場的重要角色——道具師傅田中先生

★面對帥氣當紅演員和髒兮兮的幕後工作人員，態度不一樣有什麼好奇怪的？

某次出外景，和一位超級名演員對戲。當然，我還是演一個沒有台詞的連續劇配角。

那是一座在東京郊外的巨型影城，我跟著經紀人遠頭在攝影棚走道，往休息室的方向走去，同行的還有同一家經紀公司的伙伴們。這次演的是學校學生的角色，包括我在內，多達十名男男女女參與了演出。

走著走著，有張經常出現在電視上的臉孔，往我們的方向走來。眼前這位長髮飄逸、帥氣逼人的男人，不就是各家電視台爭奪的偶像劇演員，所有女性夢中情人的ＥＹ嗎！

大家壓住滿滿的激動，堆起笑容、緊張又大聲地而開口招呼：「早……早安！」

ＥＹ露出一如電視上常見的爽朗笑容，舉起手道聲：「喲！早啊！」連我們這種卑微的小咖，他都回聲問候了。

「哇～他的光芒果真不同凡響耶～!!」

「不愧是ＥＹ，跟電視上看到的一模一樣。」

「真的真的，超帥的啦～～」

女生們馬上開心得亂叫亂跳，眉飛色舞，因為太感動，變成小粉絲了。咦？我們也算得上是「藝人」吧？

一行人開開心心地邊走邊說，接著眼前又有一個人走了過來。這次是一位從頭到腳沾滿灰塵和泥土，渾身髒兮兮頭髮亂蓬蓬的阿伯。我們默默地和他在走道擦身而過，雖然沒有出聲，臉上卻露出了「這人是誰啊？好髒喔～，跟ＥＹ差太多了嘛～～」的表情。

這時走在前面的遠頭，突然停下腳步，回頭怒罵起我們：

「喂！你們怎麼沒有跟人家打招呼！」

女同學們大咧咧地回說：

「為什麼要向這麼髒的阿伯打招呼？」

「蠢蛋！就是這些道具師傅在背後賣命，才能支撐你們演員的工作，不是嗎？不重視現場的幕後工作人員，你們就會變成沒人願意共事的藝人啦！」

「把道具師傅和ＥＹ相提並論，太誇張了吧。」

「大蠢蛋！只有知名的演員你才打招呼，幕後人員就不用了是吧。用這種態度我保證你們在這一行混不下去！

聽好，道具師傅為了你們這些演員賣命，是非常重要的角色。」

遠頭可能是氣壞了，又繼續訓話下去。

「又來了……」雖然我們的心裡萬分無奈，但是不好好聽下去，可能就會講個沒完沒了。沒辦法，大家只好停下腳步，面向遠頭……。

這時遠頭後面，站著一位卡車司機模樣，眉頭皺紋深刻，手臂精壯結實，

身材粗壯高大的阿伯。他身上穿的衣服也被灰塵和泥土弄得髒兮兮，單手抱著粗大的木材，另一隻拎著裝有鐵槌等工具的箱子，一看就知道是道具師傅。

★毀了你們要用的布景可是簡單得很

「聽好，面對變換不停的攝影搭棚作業，道具師傅可是很拚命地在做，當然免不了沾滿泥土，弄得渾身髒兮兮，你們竟敢嫌認真工作的人髒，開什麼玩笑！道具師傅是……」

話匣子一開就停不了的遠頭，自顧自地繼續說教，好像完全沒有注意到逐漸走近的阿伯。

「……誰是髒兮兮的阿伯？」

我們緊張地嚥了一口口水。

「我是說，就像你這樣……啊！」

回頭往後看的遠頭，連聲音都變了。

「喔？還以為是哪個瞎小子說出這麼沒禮貌的話，你不就是……遠藤嗎？」

「啊！……田……田中先生！」

「哈，十多年前……連現場長得是圓是扁都搞不清楚的菜鳥，現在看起來可了不起囉，遠藤。」

「啊，不是，沒有……」

看來阿伯很熟悉遠頭的往事。遠頭呆站著不動，連眼都沒敢眨一下。

「老子在這個影視城已經工作四十個年頭了，要毀掉你們用的布景，可是易如反掌……。別看輕咱們，懂嗎？」

這位阿伯，講話速度極慢，渾身散發出懾人的氣勢，讓人感覺很不妙。

遠頭頻頻道歉說：

「沒有啦，是因為……這些傢伙……，對不起！」

那位田中道具師傅倒也沒再說些什麼，轉身走開，然後頭也沒回丟下一句：

「……遠藤啊，找天再來喝個幾杯吧……。」

遠頭臉上，露出了略為開心的表情，回答說：

「是！」

這神情，我以前從來沒見過。只不過當田中先生離開後，遠頭的怒氣好像又回來了，他接著對我們說：

「混蛋!!為什麼要我來幫你們道歉!!」

比起遠頭的說教，那位道具師傅在我記憶裡留下了深刻的印象。

「遠藤先生，那個人是誰啊？」

「他是田中師傅，在這個影視城待了幾十年，是負責布景搭建的現場監督。我還是左右搞不清的菜鳥時，他總是很溫暖地鼓勵我，就像是我的師父一樣。」

遠頭敘述這一段過往的神情，讓我很難忘。

★好成果不是靠一個人的力量就能達成的

製作一個節目需要聚集很多人的力量才能完成，例如：美術、道具、時間掌控、警衛等等。如果沒有好好感謝這些在幕後辛苦付出的人，菜鳥很容易三兩下被趕出去，在拍攝現場混不下去。

這項道理也不僅適用於演藝圈。任何一種工作，都是由不同的角色合力完成的。如果不能心懷感激地對待這些夥伴，總有一天會被倒打一耙，因為人畢竟是感情的動物。

我還在演藝圈的時候，一再聽到相同的故事。

數十年來一直活躍在第一線的藝人，往往真心重視幕後工作人員，打從心底抱著感謝之意。反過來說，年紀輕輕就突然爆紅的藝人裡，有人不只沒有這種感覺，甚至行為處事非常傲慢，而這一類「搞不清楚狀況」的人，通常要不了多久的時間，便會消失於演藝圈。

當你在看電視的時候，可能會覺得某些藝人「看起來很愛耍大牌」。但如果他能夠長年活躍於演藝圈的話，那可能是一種角色塑造，私底下的言談應該是非常謙虛的吧。

工作不分主角或配角，對身旁一同打拚的人，千萬別忘了常懷感謝之心，這一點非常重要。

Scene 2
Take 3

綜藝節目後台看到藝人們認真專注的神情

★綜藝節目，只要能炒熱氣氛就行了吧？

除了電視劇，我也參加過幾次綜藝節目的錄影。其中以超人氣搞笑組合——DT兄的冠名節目讓我留下了深刻的印象。

我要飾演一個校園短劇裡的學生。這次的外景拍攝，山田也有一份。對他來說，這是他第一次參與現場錄影，從我們在車站會合之後，他就興奮得不得了，一路上停不了話匣子。

「打從進到經紀公司，就數今天最興奮了。綜藝節目可是我的最愛啊！想不到現在居然有機會去參加，真不知道要怎麼形容，超讚的啦！」

「就是呀，綜藝節目的錄影方式，一定和連續劇不一樣吧。」

「雖然我也沒參加過，但連續劇的拍攝，應該有很多排演，也很死板吧？

那大概不適合我的個性。比起連續劇，綜藝節目只要把場子炒熱就夠了。」

「不會吧，我想應該不可能這麼簡單。」

「絕對是這樣！像我這麼優秀，一定能炒熱現場的氣氛啦。再怎麼說，我從以前就對炒熱氣氛有絕對的自信。」

山田好像不認為我們是來工作的，雖然我也半斤八兩。總之，能參加綜藝節目的短劇演出，感覺開心極了！我們一路上就只顧著說些有的沒的。

「我這次可要搶當主角喔！」

山田露出了認真的神情，和經紀公司的同事熱烈地聊著。

只不過，這種無可救藥的想法，在我們實際踏入錄影現場時，瞬間消失無踪了。

★電視上從來沒見過超級認真專注的神情

終於到達攝影棚入口的我們，一直以為攝影棚一定像同樂會一樣，充滿著

熱鬧和藹的氣氛。

事實上別說什麼熱鬧了，裡面安靜得連一根針掉到地上都聽得見，充滿無法言喻的緊繃氣氛。

環顧攝影棚，角落的桌子附近，DT兄、資淺的搞笑藝人、以及工作工員，表情認真而嚴肅地交談著，應該是在討論短劇的流程吧。

平常只能透過電視看這些藝人搞笑而逗趣的模樣，沒想到私底下的神情，居然如此不苟言笑。由於太出乎意料之外，我一時間充滿困惑。

歡天喜地嘰喳聊不停走進攝影棚的我們，立刻就感覺到來自四周工作人員射來的銳利目光，雖然沒有說出口，但那眼神像是在說：「混帳東西！給我閉嘴！」

我和山田不約而同地緊張道聲：

「早、早安……。」

「怎麼……和我想的完全不一樣？」

「……真的。」

「和我想的完全不一樣……。原來錄影現場是這種感覺……。」

直到剛剛一直大咧咧說要「搶當主角」的山田，突然之間沉默不語，我第一次看到如此沮喪的山田。

搞笑藝人看起來總是笑嘻嘻不太生氣，一旦板起面孔，格外令人害怕。和電視上得到的印象落差太大，所以予人一種無聲的威嚴感。

★「開錄」一喊，棚內氣氛瞬間一變

我們沒等多久，很快就進入正式錄影的階段。就像我們預料的，錄影前的排練不如連續劇縝密。綜藝節目真的和電視劇不一樣，它更重視拍攝當下的氣氛，讓人有一口氣錄好的感覺。反過來說，這也產生了一種獨特的緊張感。

「好了，正式開拍~。五、四、三、二、一！」

導播的聲音響徹攝影棚。同時，無論是DT兄或是藝人們，事前討論時的銳利表情，一瞬間換了張臉，整個氣氛就像平常電視上看到的一樣。不只是

表情，包括營造出來的氣氛，一瞬間就「啪」地切換完成。

錄影一次ＯＫ。沒幾下子，我們的部分就結束了，演出人員和工作人員接著開始準備下一場的拍攝工作，我們看著這副景象，離開了攝影棚。

這時的山田，露出了奇特的表情，喃喃地說著：

「這就叫專業啊……。真不是蓋的……。從今天開始，我看電視的角度完全不一樣了。」

★笑容的背後是一重又一重的自律

攝影棚裡藝人們不同於電視上的專注神情，給了我莫大的震撼，我至今仍舊無法忘懷。這正是「專家」所塑造出來的驕傲與自信，也正是長年一直活躍在第一線的人面對工作的態度吧。

為觀眾提供歡樂的綜藝節目，並非單憑感覺製作出來。以為炒熱氣氛就行，真是天大的誤會。必須由參與演出的人絞盡腦汁地集結創意與點子，再三討

論直到準備萬全為止。這些背後的付出，電視機前的觀眾完全感覺不出來，這一點也讓我覺得很了不起。

各位的身邊，有沒有總是笑容滿面面對工作的人呢？看著這樣的人，或許會讓人不自覺地想著：「他工作得很開心嘛，好像沒什麼煩惱，真羨慕。」但是笑容的背後，或許隱藏著極為嚴格的自律，如果這個人在工作上，也一直有所成果的話。

不論是誰，光憑表面就判斷一個人對待工作的態度，可能就看不到背後真實的一面。

附帶一提，專業藝人的過招，在現場看到的可是比電視上有趣好幾倍喔，我們在錄影的時候，可是拚命忍住不讓自己笑出來。

Scene 2
Take 4

傳聞中愛耍大牌的當紅偶像展現出的謙虛

★曾經相信八卦傳聞的我

藝人的八卦，常常成為週刊雜誌或是談話節目的話題。

「那個藝人啊，私底下講話很惡劣。」

這一類的八卦，總是說得很難聽，讓人感覺不是單純的中傷，這種八卦千萬不能信。我曾經在一個電視廣告現場，經歷了一件難忘的事。

工作內容是我得拿著雜誌，站在當時家喻戶曉的超級偶像ＷＭ的後面跳舞。說到和偶像共同演出，是不是會很興奮呢？剛好相反，我到攝影棚的路上，都覺得很鬱悶。

原因在於我搭電車時，看到的雜誌廣告，上面寫的盡是些負面的評價。例如：

「在拍攝現場的態度驕縱，超級愛耍大牌的偶像！」

「下電視螢幕後，狠狠折磨菜鳥。」

把她寫得非常不堪，我相信了這些內容，想到要和她一起工作就很煩惱。

我在攝影棚入口，和遠頭及經紀公司的同事會合。平常很少和我們一起出現的經紀人，因為廣告的重要性格外不同，今天就一起來了。

「我今天比平常都來得緊張。」

「為什麼？因為是第一次拍廣告嗎？可是你只是站在後面跳舞而已，沒啥了不起的啦。」

「不是啦，因為ＷＭ啦，雜誌裡不是把她寫得很糟糕嗎？她的人緣一定很差。」

「連那種八卦你也信？真是死老百姓，蠢蛋！」

哪裡蠢了？我完全不明白。

「算了，開工之後，你就知道了，真正的她是怎麼待人接物的。」

★終於來了，那個愛耍大牌的女人！

導演先指導我們的舞蹈動作，內容並不難，三十分鐘左右就記住了。畢竟……只是拿著雜誌晃一晃而已嘛。

我們正在彩排時，ＡＤ突然對著攝影棚裡大喊：「ＷＭ小姐到囉！」

ＷＭ當時二十歲左右，要是被她挑剔的話，我可能會哭出來也說不定……。

我邊想邊盯著攝影棚入口瞧。

只不過ＷＭ和我自以為是想像出來的形象完全不同。

「各位！早安！」

無論對哪一位工作人員或是表演者，她都是笑容以對。

——「她一定是表面上裝裝樣子，私底下又是另外一回事吧。我可千萬不能給她騙了。」

這位超級偶像，走到我們這群活動佈景面前。

——「來了！這個愛耍大牌的女人。」

不料ＷＭ非常爽朗地對我們說：

「大家好，今天要麻煩各位了，謝謝大家！」

同時向我們深深地行個禮。

這下子我完全搞迷糊了，和傳聞中的形象也差太多了吧。

「ＷＭ小姐，今天也很有精神喔，妳的活力可是救了我們這些大叔啊。我們來拍個好廣告吧，麻煩了。」

「沒問題，麻煩您囉。」

ＷＭ和導演爽朗地聊著。嗯？怎麼回事？

帶著滿滿疑惑，廣告的拍攝工作開始了。一打開工作模式，偶像不愧是偶像，我們在背後跳舞，她就在前面用燦爛至極的笑容，對攝影機說出招牌台詞：

「找房子？當然要靠這本雜誌囉～。」

好……好可愛！

就在我這麼想的時候，拍攝工作一下子結束了。

行程滿檔的ＷＭ，笑容滿面地向所有工作人員道聲：「大家辛苦了！謝謝

大家！」趕往下一個行程去了。

★是因為紅翻天才謙虛？還是因為謙虛，所以才能一直紅下去？

WM離開後，我和遠頭聊了一下。

「嗯……WM今天的心情很好吧，和八卦雜誌上寫的完全不一樣　。」

「不是早說了嗎？你蠢蛋啊！雖然我也是第一次見到她，但是她才不是報導上寫的那樣。」

「真的嗎？」

「像她那樣謙虛，處處顧慮周遭的人，會是患了大頭症的人嗎？話說回來，八卦雜誌上寫的那些如果是真的，她根本不可能在這一行混這麼久。」

嗯……我是不是搞錯了什麼呢？的確一起工作之後，對她的印象完全改觀了。

「你給我聽好！不懂得對身邊的人表達感謝的傢伙，最後自然會被淘汰。

態度要謙虛，就這麼簡單。」

「她明明就這麼紅，還要這麼謙虛喔。」

「完全不對，真夠蠢！就因為她謙虛，才能一直紅下去。謙虛，就是不以現在的自己為滿足，所以才謙虛地對待身邊的人。」

遠頭越說越起勁，但當時的我完全沒辦法意理解。因為謙虛所以才紅得久？

接著工作人員大喊：

「各位！這是ＷＭ小姐送給大家的泡芙。現在拍攝工作結束了，大家快來吃吧！」

從演出人員到工作人員，人人都有份，明明自己就忙得沒辦法一起享用。才二十出頭的年紀，卻能夠對身邊的人這麼費心，究竟是為什麼呢？

我才伸手要拿泡芙，卻被拍了一下。遠頭雙腳八字站開，把眼前的兩個泡芙都拿在手上。

「你沒有資格吃ＷＭ送的泡芙。你不是討厭ＷＭ嗎？像你這種輕信別人謠言，自以為是的傢伙，我想她也不願意給你吃的啦。」

「怎麼這樣……」

「所以，由我代替你吃啦。」

「我要吃!!」

我不自覺叫出來，然後從遠頭的手上，搶回泡芙。那個泡芙，真是好吃啊。

★自己的工作需要旁人的支持協助才能成立

我們經常以來自他人的訊息來判斷另外一個人，但是那個訊息本身正確嗎？

真相或許出乎我們的意料之外。我們應該時時記得，只有經過實際相處，才能正確理解，否則就容易突顯出自己的膚淺了。

像我在現場碰到的ＷＭ，她是個極具魅力的女性，我也聽過完全相反的八卦。的確有的偶像傲慢極了，只不過就像遠頭說的，這種人很快就從演藝圈消失了。

自己的工作需要旁人的支持協助才能成立——如果沒有這種觀念，別人自然就會離你遠去。

這個觀念，不單單適用演藝圈吧？

Scene 2
Take 5

你一次輕率的遲到，足以毀掉別人的夢想

★只不過因為電車誤點遲到十分鐘，卻被喊：「滾回去！」

剛開始參與錄影時，因為是電視台的工作，所以我非常注意時間。只不過隨著經驗越來越多，我開始習以為常，感覺就像去打個工而已，於是我犯了演藝圈絕對不容許的禁忌——遲到。

「遲到」不僅僅是演藝圈，在商業社會裡，一樣是不容許的行為吧。但是在演藝圈，它的程度又是非同小可。

從經紀公司接到電視劇臨時演員的工作。集合的時間是早上七點，但是當我到達的時候，已經是七點十分了。原因是我搭電車時，遇上交通號誌故障而導致電車誤點。

我從距離最近的車站，使勁全力跑到現場，等我汗流浹背拚命跑到集合地

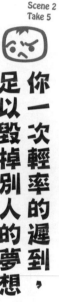

點，遠頭雙手環胸在等我，其他人好像先進攝影棚裡了。

我馬上道歉，一邊氣喘噓噓，一邊說道：「不好意思……電車誤點，所以我遲到了……。」

「喔。你今天給我滾回去。」

「什麼？」

「遲到的傢伙，沒有資格到拍攝現場。」

我當時還以為他在開玩笑，才遲到十分鐘而已嘛。

「我不是說，是因為電車誤點……」

「我沒有興趣聽你說遲到的理由，反正你就是錯過了集合時間。不用說了，給我滾回去。」

「不是，我是因為電車號誌故障停駛，加上沒有別的車的可以搭……」

「閉嘴！」

遠頭的眼神好認真，根本不想聽我解釋。

結果當天的工作，我連攝影棚都沒進去就結束了。

★你內心對工作區分大小眼

一個星期後，因為必須和「烏鴉」進行一對一談話，讓我從早就很鬱卒，她是我最不想有往來的對象。

她是我們的輔導員，公司規定發生問題的藝人，都必須和她個別談話。

「前幾天的工作，你好像沒有準時抵達集合地點對吧。」

「可是，我只遲到十分鐘。」

「從今天開始的三個月內，包括試鏡在內，我們不會介紹工作給你。很遺憾，但這也是沒辦法的事。」

「什麼？」

我忍不住發出了疑問。她到底在說什麼啊，這隻烏鴉!?

「我又不是睡過頭才遲到，是因為電車誤點才遲到的。因為電車停下來了，這不是我能控制的，不是嗎？又不是我的錯。為什麼我要受到這種處罰？」

「因為不確定的外在因素而遲到，所以不是我的錯。你有這種想法，那真的很糟。」

不確定？外在因素？腦袋不靈光的我，實在聽不懂。

「如果是參加舞台劇的演出，當滿場的觀眾都坐在劇場裡等待了，你能輕鬆自在地說出藉口嗎？說你是因為電車誤點而遲到？」

「這次的工作又不是舞台劇……」

「你的意思是說，如果是舞台劇的話，就不會遲到了嗎？換句話說，你心裡對工作有分大小眼吧。你認為這種工作，只有一個人遲到也沒關係。就是因為這種輕忽的想法，所以才會發生這一次遲到的事情。」

她說的沒錯。我當時認為只有我一個人遲到，應該不會被罵臭頭。只是烏鴉一板一眼地說教，讓我整個火氣都上來了，不自覺地拉高了嗓門說：「我沒有那種想法!!」

烏鴉流露出奇怪的失落神情，並且盯著我看。

「從小到現在，師長應該都教過你一個非常理所當然的道理，那就是上學不可以遲到吧？你有沒有想過，為什麼不可以遲到？」

「誰會去想那些。」

「原因和打招呼一樣。之前你和山田兩個人，曾因為問候的態度不好，被我訓了一頓，記得嗎？」

烏鴉的語氣，和平常官腔官調的樣子不一樣。簡直就像是個媽媽溫柔地教導年幼的孩子一樣。

「派個不會打招呼的人到工作現場去，對經紀公司來說，可說是致命的傷害喔。」

「……」

「將連招呼都打不好的藝人，送到工作現場去，馬上就會被認為是經紀公司管理不佳，當然，遲到也一樣。發生這種事情，不只整個經紀公司的風評會一落千丈，公司旗下的其他藝人，工作上的邀約也會跟著減少很多。發展到這種地步的話，你知道會怎麼樣吧？」

烏鴉奇妙的神情，是我從來沒有見過的。

「我的年紀差不多可以當你媽媽了，我也不想扮黑臉啊。只不過，我有一定要保護的東西。」

「保護的東西？」

「就是你們的夢想。你們的夢想就是我的夢想。很無聊吧，只不過我不想破壞這個單純的夢想，所以只好狠下心來。」

接下來她用幾句話，結束了這次的面談。

「雖然你還是個高中生，但只要你還是這裡的一分子，就背負著經紀公司的招牌。這一點，請你千萬記住。」

之後就如烏鴉所說，接下來三個月包括試鏡的消息在內，經紀公司完全沒有和我連絡任何工作上的事情。

★一個人的不慎給整個工作帶來莫大影響

在演藝圈無論有什麼原因，「遲到」都是絕對禁止。因為許多演出人員和工作人員，都是分秒必爭地工作，這樣的環境下，只要有一個人缺席，將會為整體的工作帶來很大的影響。

不容許遲到，在其他行業裡，或許也是一般常識，一點都不特別。

然而輔導員鈴木女士卻對我說了：

「有人遠大的夢想，可能就因你的遲到而毀了。」

這句話，直到現在我仍然印象深刻。

仔細想想，那時候的我，對時間的態度確實相當散漫。

「只不過是五分鐘、十分鐘而已嘛，有什麼大不了的。」

平常我就用這種心態度日。除了演藝圈的工作，其他各種約會，我老是這裡遲一些，那裡慢一點。我從來沒有想過，自己的遲到會影響到別人。

但是，如果真的因為自己的不小心，毀了別人重要的夢想。或許你覺得太誇張，然而在商場上，不能說沒有這種情況，請發揮一下想像力吧。

想過之後，或許你會覺得有必要好好檢討自己平時的行動是不是夠確實。

Scene 2
Take 6

你認為簡單就能入手的東西有價值嗎？

★無數試鏡，無數落選

長達三個月的禁閉期（？）終於結束，不知不覺間，我加入經紀公司已經超過一年了。這一年來，我得以在電視上演出各種跑龍套的小角色。因為我們的經紀公司旗下有很多藝人，所以需要大量演員的節目，自然就會主動找上門。

只不過如果要獲得更重要的工作，使自己成為家喻戶曉的人物，必須先通過嚴格的試鏡關卡。

剛開始即使只是不重要的小角色，我也很興奮地認為：「以前只能在電視機前面當觀眾，現在我也上電視了！」

然而臨時演員長期做下來，新鮮感很快就磨光了。縱使拚了命參加試鏡，

結果全都石沉大海……。

每星期上課和同學碰到面時，以下的對話就成了家常便飯。

「最近怎麼樣？」

「完全不行……。公司介紹的試鏡，我已經參加了十次以上了，根本沒有半點消息。」

「真的，每一次都沒被選上，真的很痛苦啊。」

經紀公司介紹的電視劇試鏡，就算參加了也全數落選，沒有例外。沒有工作，也就沒有薪水，即使特地為了參加試鏡而向打工單位請假，一樣領不到錢，當然也沒有交通費。

無論再怎麼嘗試，都沒有往夢想前進的感覺。這種失落的心情一而再再而三地發生，真的很痛苦。

很想和誰聊聊這種痛苦，只不過能聊的，也只有經紀人遠頭而已。

★你能夠相信自己的夢想，繼續挑戰第一百零一次嗎？

「遠藤先生，公司介紹的試鏡，我全都落選了，到現在一次都沒有成功過……。」

「是喔！那也是當然的，你根本就沒有才能嘛。如果你有做白日夢的空閒時間，不如好好認真上課。」

面對心已經涼了半截、苦惱不已的年輕人，他是不能用稍微溫和一點的口氣嗎？

「這樣下去，我還能在這個行業裡待下去嗎？」

「這個問題不應該問我，要你自己來判斷，又不是小孩子了。聽著，演藝圈是一個殘酷的社會，想要抓住一個機會就很困難了，即使真的給你這小子抓到機會，如果做不出成績來，一樣是『謝謝，再聯絡。』想不想繼續走下去，通通由你自己決定，這是你自己的人生。」

完全搭不上話，和他聊真是白費氣力……。我邊想著，遠頭又自顧自地訓起話來了。

「你給我聽好！試鏡的競爭率有多高，就算你是個蠢蛋也應該很清楚吧？」

「我當然知道，想要工作的人很多嘛。」

「但是，你以前沒有這方面的經驗吧？角色就一個，卻有幾百個人搶著要。所以不管是十次還是一百次，落選也是當然的啦。」

「一百次？會不會太誇張？」

「才不會，我以前帶過的藝人就這樣。可是啊，無論落選幾次，一樣能咬著牙，相信自己的夢想不斷努力，勇敢地挑戰第一百零一次試鏡，這種堅強的意志力才是最關鍵的地方。」

坦白說，這時我心裡的OS是：「說什麼鬼話。」一而再、再而三地失敗了一百次，還能繼續堅持下去？這種事誰辦得到？有強韌意志力的人真的存在嗎？

遠頭似乎讀出我在想什麼，於是問我說：

「你真的想在演藝圈裡紅起來嗎？」

「當然！這不是廢話嗎？」

「真的打從心底這麼想嗎？」

「當然！」

「嗯……我換個方式問。你覺得什麼阿貓阿狗都能輕鬆在演藝圈紅起來，是嗎？」

「當然不是，誰會這樣想。」

「是喔。可是啊，紅不起來就默默消失的傢伙，永遠無法分辨何謂社會的現實與自己的理想，這種人可多得很。或著該說，絕大部分的人都是這種貨色。」

「什麼意思？」

「人人都希望自己內心期盼的成功能夠輕鬆到手，只不過啊，這種想法根本是做夢！能輕鬆到手的東西，說穿了，就是沒什麼價值的東西。你們現在擁有的，任誰稍微努力一下都能輕鬆到手。這等程度的事情，你要搞清楚。」

說完後，遠頭就起身離開了，這個轉身好像是在對我說：接下來的事情就靠你自己去想了……。

★不斷累積實力不放棄的人，才能到達夢想的彼岸

還是高中生的我，無法理解那些話的含義。總覺得他說的都是一堆沒用的廢話。

然而在我成為社會人幾度面臨嚴峻的考驗時，我才感覺到能夠理解遠頭，不！遠藤先生想告訴我的事情。

真正的成功，必須跨越再三地失敗，認為自己已經「不行了，我辦不到，我要放棄！」的過程。如果輕易放棄停止努力的話，絕對無法親手抓住夢想。絕望時更不能忘記「堅持就是力量」這句話。

我們這個年代，只要有錢什麼都能輕易買到，我們太習慣不需費盡千辛萬苦的生活了。但遠方的夢想，只有不輕言放棄，持之以恆地努力下去的人才能到達。

Scene 2
Take 7

工作要憑自己的努力爭取

★第一次通過試鏡

一如往常每星期一次的課程結束後，收拾東西準備回家時，遠頭突然跑進了教室裡。

「喂！你上一次的試鏡過啦！你辦到了!!」

「嗯？」

我一時間完全無法置信。歷經幾十次的試鏡落空後，我腦子裡壓根沒有「通過」的期望了。還待在教室裡的同學，為我鼓起掌來了。

平時和我形影不離的山田，馬上就對我說：「哇，你辦到了耶！太好了！」

「謝謝……，幸好我沒放棄……」

平常說話速度快得像機關槍的遠頭，嚴肅而緩慢地說：

「你絕對不能忘記現在的心情。所有的工作都是由自己去爭取的，不是天上掉下來的，聽懂了嗎？」

怎麼像是之前聽過的老台詞，但是一旦自己親手抓住了工作機會，老掉牙的台詞聽起來感受也格外不同。

我在試鏡上爭取到的，就是一般稱為「重現ＶＴＲ」的工作。就是那種電視節目裡經常出現，重現過去記憶的那一種影片。雖然出場的時間不長，但是和跑龍套的角色不一樣，而且演的是當事人，好歹算得上是主角，也有台詞，雖然不太多。

「你可要好好準備正式錄影喔。只不過重現ＶＴＲ沒有劇本，所以也沒什麼好準備的就是。說穿了，不是什麼了不得的工作，總之要加油啦！」

說完之後，遠頭就「呵呵呵」地笑起來。這老頭，到底是捧我還是損我啊？真搞不懂。

山田則是鼓勵地說：「加油！連我的份也一起好好做。」

「我們要一起加油啦！」

「……」

嗯？山田的表情越來越糾結。

「……當藝人，真的太難了吧……」

說完後，山田走出了教室。

之後我才知道，不要說試鏡結果通知了，連試鏡的邀請都沒有找上山田。演藝圈裡，有成千上百個競爭者，一同爭取唯一一個角色，只有打敗那些人才能抓住工作的機會。工作不是公司給的，而是靠自己去爭取。

一般商場上或許不如演藝圈那麼激烈，應該也差不多吧。無論任何工作，如果不先打敗對手就不可能到手。能否打從心底了解這項共通準則，可以說是公司乃至個人職涯的重要關鍵。

即使是上司交代的尋常工作，也別忘了這是在沒人看到的背後爭取而來的。

第一次通過試鏡的心情，我至今依然清晰記得。當源源不絕上門的工作讓我開始習以為常時，我會提醒自己：「工作的機會不是永遠都有。」

工作不是天下掉下來，是要靠自己努力去爭取得來的。

Scene 2
Take 8

靠自己工作賺來的錢多麼有分量

★雖然都是錢，但是價值感不同

經紀公司給的工作，雖然都是些小角色，但是確實可以在現場學習及累積各種不同的經驗。然而經歷過試鏡、打敗其他競爭者所得來的工作，成就感畢竟不一樣。

重現ＶＴＲ的工作裡，我以主角的身分出現了好幾次，扮演一位知名藝人的高中時代。即使出場機會少，和臨時演員就是不一樣，因為現場拍攝會以我為鏡頭中心，這種成就感真的棒呆了。

還有一點更重要，以前的工作從來沒有橫跨數天的，而這項工作讓我在第二天還能夠參與同一個現場的拍攝作業。積極地參與一部作品的完成，這種體驗，讓我的心情比以往來得亢奮多了。

工作結束的幾個月後……。

「喂！辛苦了，這是上次的演出酬勞。」

我從遠頭的手上，接過了重現ＶＴＲ的現金酬勞。總共三天的錄影，報酬大約兩萬日圓左右。

但是，當時親手接到酬勞時的喜悅，真不是蓋的！

遠頭察覺了我的心情，開始說起一段我到現在也忘不了關於「工作與金錢」的談話。

「你啊，這輩子都別忘了現在的心情。」

「是！」

「金錢的價值感，可不是一樣的喔。不管什麼工作，雖然目的都是賺錢。但是，自己花了心思所得到的報酬，它的分量就是特別不一樣啦。」

「真的……這可是經歷了好多次試鏡落空後，好不容易才得到的。」

「沒錯！你是打敗了其他人才爭取到工作。可是，這不代表什麼改變。只要沒繼續抓住更大的機會，你以後也不可能出人頭地，苦日子今後還長得

很。」

的確，和臨時演員比起來，這次的工作確實水準不一樣。但是它並不會因此開啟機會之門，我的前方依舊是看不到未來的漫漫長路。

「靠自己努力掙來的工作、拿到酬勞，只要你沒忘記這份喜悅，今後不論面對多辛苦的局面也能夠堅持下去。聽好了，工作是為了賺錢，但是賺錢不是工作唯一的目的……算了。」

「……什麼？」

「你才高中三年級而已，現在對你來說可能太早了吧。」

說完後，遠頭又「呵呵呵」地笑了起來。

遠頭愛說教老毛病又出現了，但是人的「習慣」真的很可怕，像我對他的說教內容早就見怪不怪了。

之前臨時演員的工作，酬勞大概只有數千日圓左右，雖然一樣是酬勞，只不過這次感受到的重量特別不同，或許是我終於明白，賺錢的困難程度所具有的不同分量吧。

「就算我想工作也沒有工作上門，自然抓不住工作的機會。」

經歷漫長的試鏡，好不容易才靠自己爭取到的工作，這份報酬對我來說，感覺真的別具意義。

公司裡的工作多得像座山，但是自己負責的範圍越少越好，有這種想法的人應該不在少數吧。

但是有工作可以做是一件值得感謝的事。因為它可以讓人全力投入眼前，開啟自己未來的道路。

Scene 3

第三章

和一流專家全心投入工作
所學到的事情

Scene 3
Take 1

戰勝壓力，前進未知的領域

★天大的機會來了！我可以和那位大明星演對手戲？

從通過試鏡到抓住第一件工作，花了我一年以上的時間，但之後不知道是不是因為有了起頭的成績，其他工作也出乎意料地順利。接連有宣傳海報的拍攝工作、短片演出的機會等等。

接下來又讓我碰到一個不同以往，千載難逢的機會。

有一天，遠頭一如往常，用賊兮兮的笑容對我說：

「喂！有個兩小時的電視劇試鏡，你長得和這次要求的角色很接近，已經到了最後甄選階段喔！」

我搞不清楚他的意思，進一步追問下去，原來是一部兩小時的單元電視劇，描述某位知名女藝人的一生，這位女藝人幾年前生了一場大病，年紀輕輕就

離開了人世，而飾演女主角弟弟的機會，幾乎算是到手了。

「聽說這部戲的導演，覺得你的長相、氣質，完全符合劇中角色，不過並非認同你的演技，你可要好好抓住這個機會！」

真不敢相信，我要演電視劇主角的弟弟，而且幾乎內定好了……。

遠頭接著說：

「你知道飾演主角母親的演員是誰嗎？」

「我怎麼可能會知道，是誰？」

「就是無人不知無人不曉的ＫＭ啦！」

「ＫＭ!?」

ＫＭ是我從小到大，不知道在電視上看過多少回的超級知名大牌女演員。

我要和她一起演戲？

「聽說你演出的那個角色，好像有和她單獨對戲的劇情耶。」

這簡直就是夢寐以求的機會。而且對經紀公司來說，也是推銷自家藝人的絕佳機會，我突然感受到一股前所未有的強大壓力。

我……好想逃離現場。

★現在的我，還沒有和大牌藝人演對手戲的自信……

「我和這次的導演其實有點交情，之前我拜託過他，剛好遇上這麼好的機會。」

「……」

「怎麼樣？和ＫＭ演戲一定很棒！」

還是老樣子，自顧自地越說越高興的遠頭「呵呵呵」地笑了起來。可是……現在的我，還沒有自信和ＫＭ一起演對手戲。

「不好意思……我還沒有那個自信。這次的工作可以幫我回絕嗎？」

「啊!?」

「對不起，我現在真的還辦不到，可以婉拒這件工作，等我對演技有點自信後再接嗎？我不覺得自己能和ＫＭ一起對戲……。」

「你這小子……不行！再這樣下去，哪有辦法成長！」

遠頭露出非常錯愕的神情。

「對不起……。」

「你說的『有點』是什麼意思？要到什麼地步，你才能夠突破那個『有點』兩個字？」

「大概……再一年吧。」

「哼！我可以斷言再給你一年，你還是會拿一樣的話矇混過去，說什麼現在的我還沒有自信，猜都不用猜，一年後你還是會這麼說。」

「才不會，一年後我一定會改變。」

「不！我一定對。像你這種的傢伙，我可是見多了。人一定會害怕失敗，但是敢挑戰阻礙人才會有所突破，你懂嗎？」

平常明明就老是跟我們說：「失敗後就沒有下一次！」結果現在又跟我說：「不要怕失敗，要勇敢挑戰」這不是明顯自相矛盾嗎。

「好了，現在要怎樣？還是想回絕嗎？如果你不接下這份工作的話，我隨

便就能找個人代替。」

「……我接。」

「什麼？我聽不到！」

「我接！」

「哼！你小子不知道是太天真還是太欠揍，做的時候膽子給我放大點！」

說完後，遠頭就用力抓住我的「小弟弟」。

「哇!!」

「你是男人吧？給我拿出氣勢來拚個高下！」這個舉動，是打算激勵我吧，哪有人用這種方式呀！（笑）。

★別逃避讓自己成長的機會

在演藝圈偶爾會碰到天大的好機會，但是一般來說很少有這種好事發生，所以一旦機會突然上門，反而讓人不知所措，這種心態很正常吧（不，我不

是在為自己找藉口……）。

如果不克服對突然上門的機會的恐懼，自己主動抓住的話，一轉眼就會被別人搶走了。因為在競爭激烈的世界裡，沒有人會等你下決定。

比方說商場上，我發現如果只在意自己現在的能力，這一類的機會就絕對不會主動找上門來。

依照自己現在的實力來選擇工作，不願有所改變的話，就無法遇到讓自己蛻變成長的機會，也可以說是自己逃避了成長的機會。如果不成長，被淘汰也是遲早的事了，這就是自然的法則。

引領時代改變的人，都背負著「現在的我，可能還沒辦法完成這件工作」的風險與恐懼，卻依舊勇於挑戰的人。面對從天而降的機會，如果只顧著害怕，絕對無法期待自己有什麼巨大的成長。

Scene 3
Take 2

做不出成績 就沒有下一次的機會！

★你只是得到工作而已，不是已經做出了什麼成績

遠頭在演藝圈這麼久可不是白混的，我通過了試鏡的最後甄選，抓住了人生第一個電視劇的角色。

話說回來，其實我不覺得自己是靠實力打敗對手，因為試鏡的時候，評審員對我說：「你長得真的很像主角的弟弟喔。」

我根本就是憑長相得到這份工作的。

即便如此，機會到手的事實依舊不變，這下子我可以在全國放送的電視劇裡露面了，真是開心的無以言喻。

只不過不安感越來越強烈了……。

這部戲是在平日的晚上九點播出，也就是所謂的黃金時段。假設這部戲的

收視率是百分之十的話，代表有一千萬以上的人看我演戲……。一想到這點，隨著開拍的日子越來越近，我的緊張感也越發強烈了。

此時最能讓我面對現實的關鍵就是「劇本」。

以前我從來沒有事前收到劇本的經驗。其實也是因為我之前的工作，全都不需要劇本。重現VTR的工作，雖然在現場有拿到簡單的劇本，基本上只是和工作人員對一下詞，像是即興的表演一樣而已。

但是，這次完全不一樣……。

「喂！劇本來了，看一下吧。」

從遠頭手上拿到的劇本將近一百頁，厚厚的一本冊子裡，寫著密密麻麻的文字。我大概翻了一下想再一次確認，有哪些演員一起參與演出。

劇本的內封印著以下這幾行文字：「主角——NY；母親——KM；弟弟——我」

第一頁寫著的角色，只有這三個人！我在這部戲裡這麼重要？

這次的主角，也就是飾演我姊姊的NY，後來人氣爆漲，現在依舊是知名

的女藝人，但是當時她還沒沒無聞，所以我沒有感受到什麼壓力。

而ＫＭ就不一樣了，從當時的談話節目裡，我知道她是一位非常注重才能的藝人，這一點幾乎成了她的招牌，所以讓我光是想到就害怕。經過我仔細地確認劇本的內容後，的確就像遠頭之前所說的，我有單獨和ＫＭ對戲的場景。

「這真的是……不得了啊……。」

看著劇本，雙手顫抖，是我第一次嘗到的經驗。這次的工作實在完全不一樣，壓力排山倒海地席捲而來。

「第一次拿到劇本，很興奮吧！這時候潑你冷水雖然不太好意思，只不過我得說句話。」

「什麼？」

「你只是得到這份工作而已，並不是已經做出了什麼成績。」

「我知道。」

「真的嗎？希望是我瞎操心。還有一點你可要千萬記得。」

「什麼事？」

「這件工作如果做不出成績來的話，你別想有下一件工作了，演藝圈就是這麼回事。一定要有這種態度，開拍之前拚命也要把劇本背熟，這是我現在唯一可以說的話啦。」

說什麼唯一，我倒是聽你說了長篇大論。不過，我想遠頭大概想用斥責代替激勵吧。

接著遠頭又湊近我的臉，說了幾句饒富意涵的話：

「最後再跟你說，ＫＭ可是嚴格到吹毛求疵的人喔。」

說完之，「呵呵呵」地笑著離開。

我的心情還是異常地亢奮，這樣的工作同經紀公司的同學裡，還沒有半個人得到過。

在未知領域的拍攝現場等著我的，是前所未有令人興奮忘我的經驗。

★任何工作都一樣，先有成績才有未來

「面對任何工作，都要抱持這是最後一件工作的態度來做，如果做不出成績來，就不會有下一次了。」

經紀人每次介紹工作的時候，總是不忘補上這一句。我身邊確實有沒能抓住的機會，沒幾下就離開演藝圈的人。

只是心中也不免覺得：「或許真的是這樣，但是應該不至於一次失敗就全部玩完，太誇張了吧。」然而這些忠告絕不是誇大。一旦錯失了一個機會，下一個機會就很難出現了。因為拚了命、幾近瘋狂地「一定要抓住眼前機會」的人，可是多如過江之鯽。

經紀人告訴我的話其實都有一貫性。其中他最想告訴我的，應該就是面對工作時「態度」吧。無論是什麼事業，有成績才有未來「沒有做出成績，別想有下一次！」正因為記住這句話，才有今天的我。

Scene 3
Take 3

第一次到藝人休息室，卻因為得意忘形犯了大錯！

★第一次有自己的休息室！

電視劇的拍攝日終於到來，我和遠頭在遠離東京的某個攝影棚前會合。攝影棚就像郊區工廠般大，我一個人的話可能走沒幾步就迷路了。

雖然我曾經和經紀公司的同學，一群人一起「出現在螢幕上」，但是「演出有台詞的角色」可是頭一遭，而且參加演出只有我一個人，沒辦法像往常的錄影一樣，從某個角度來說以往的錄影就像是遠足般。

更何況如果沒什麼大事，遠頭也不會和我們一起到拍攝現場。這樣說來，這是我第一次單獨和遠頭一起行動。

「今天啊，我有點小驚喜要告訴你。」

「是什麼？」

「你在攝影棚有自己的休息室啦，知道嗎？」

「哇！就跟藝人一樣？」

「蠢蛋！你不就是藝人了嗎？也太沒自覺了吧！」

在既興奮又期待的情緒下，我走進生平第一個休息室。三坪大小的榻榻米房間擺了張桌子，房間的牆壁上還有大大的鏡子，角落有一台小型的電視。

「哇！就跟電視裡看到的休息室一模一樣！」

內心有點小小的驕傲，莫名的興奮感越來越高昂。

只有一點是我進了休息室才知道，那就是電視的作用。

我本來以為，因為等待上戲的時間很長，所以電視是用來打發時間的。但是當我打開開關後，裡面出現的是沒有半個人的攝影棚，道具師傅正在搭建拍攝用的場景。

「所謂的一流藝人，連錄影當天也絕對不會輕忽準備的工作。透過這個螢幕播放出來的影像，就能確實掌握整個拍攝流程，在腦子裡模擬自己接下來要進行的工作內容。」

遠頭開始說起他長年來的經紀人經驗談，只不過我已經完全切換成社會觀摩模式。畢竟我才高三嘛，十七歲而已。

「喂！有沒有聽我說話啊！」

聽到怒斥聲，我才回過神來。

「給我聽好，這是你第一次參與演出的電視劇，距離第一場正式開錄還有兩個半小時左右。我待會兒要四處去向相關人員打聲招呼，所以你就先在這裡，好好地給我背劇本準備你的表演，聽懂沒！」

說完後便走出了休息室。

沒錯，我要專心讀劇本好好準備這的確很重要，但是，在那之前我還有事要做。那就是……在大攝影棚裡探險！

平常我只是「一大群人裡面的其中一個」，絕對不可以在攝影棚裡自由地走動。而現在我可以一個人自由地走動，既然如此，不去探險一下怎麼對得起自己！

遠頭前腳離開休息室，不到五分鐘的時間，我馬上跟著跑出休息室，開始

我的「社會觀摩」。

我走在一條看似有一百公尺以上的長廊，發現了「機械室」、「會議室」、「編輯室」等等，只有大型攝影棚才會有的房間，而且有好多間。這才是戲劇的製作現場，我越來越覺得有趣了。

我一邊想一邊走在走道上，突然聽到前方十公尺左右的一個房間裡傳出了聲音。

「今天第一個鏡頭是幾分鐘後開拍？好好幫我照著角色準備妥當！不要拖拖拉拉的，快一點！就算是這樣的角色，也有一定的型式。」

這個聲音怎麼好像聽過，又好像沒聽過，似乎是在說工作上的事情。我確認了一下房間的名稱，上面寫的是「化妝間」。

因為太好奇，我偷偷往裡面瞧了一瞧。結果我看到有個歐巴桑正在化妝，不知道為什麼，一旁的人對她都特別地小心翼翼。

「誰啊？那個歐巴桑……。好像在哪裡見過……。嗯，應該沒有吧。」

雖然我自己沒發現，但是我好像紮紮實實往房間裡看了十秒，應該說是凝

視著那位女士十秒。

「女人化妝還真是件大工程啊！」

當我回頭準備繼續走下去時，突然感到背後射來一道強烈的視線。

「應該是錯覺吧？」

帶著無法言喻的不安，我轉身離開化妝間。在完全沒意識到這道強烈視線有多重要的情況下，離開了那個地方……。

★不會吧！她就是那位演藝圈的大明星！

我在攝影棚裡四處遛達了二十分鐘左右，逛到膩了後才回到休息室。

「好了，差不多該讀劇本了。」

我已在事前背過劇本了，雖然本來就是一定要做的事，只不過我對背台詞頗有自信，更何況我已經把自己的部分，確實塞進腦子裡了。可是既然遠頭特別交代，還是再看看吧，我邊想著一邊啪啦啪啦地翻著劇本。

砰!!

休息室的門被大力推開，遠頭滿臉通紅地衝進休息室。

「你這小子！幹了什麼好事！」

「什麼？」

「你剛才為什麼不跟ＫＭ打招呼！」

「你在說什麼？我根本沒有看到ＫＭ啊。就算真的看到了，也不可能裝做沒看見。之前就被鈴木女士狠狠念過一頓了，說平常就要好好地打招呼……。」

「蠢蛋！剛才不是有個人在化妝間化妝嗎？她就是ＫＭ！」

「……不會吧!?」

我整個人跳了起來，因為我只對電視上看到的ＫＭ有印象，所以在素顏的狀態下，完全沒有發現到是她。話說回來，女人還真是可怕……。

「所以我平常不是再三告訴你們了嗎！一到了工作現場，無論對誰都要一視同仁地打招呼！我之前就說過了吧。打招呼又不會少你一塊肉！真是蠢蛋

啊你!!」

第一次見到演藝圈的資深前輩卻沒有打招呼，我犯了演藝圈絕對不允許的錯誤，我感覺自己冒出了一身的冷汗。

★你事先有沒有好好研究過大前輩的演技呢？

不過，有個問題來了。

「為什麼ＫＭ會知道偷看化妝間的人是我呢？」

「嗯？」

「我明明就沒見過ＫＭ啊。」

「你真夠蠢！這麼資深的藝人，你以為她不會先查好對戲演員的資料就直接到現場來嗎？當然是先從藝人名冊裡確認過你啦！」

事前……查過我的資料？這位大明星？

「剛才在走廊被ＫＭ叫住，狠狠訓了一頓。以前我受到ＫＭ好幾次關照，

這回被她叫住，問我是怎麼教新人的。我整個人都呆了，真是丟臉丟到家了。」

原來那位大明星不論所屬經紀公司，只要看到什麼不對的，就會毫不留情地指正啊……。我才想著，遠頭又對我無知補上一刀：

「你進攝影棚前，不對！是這件工作確定後有這麼長的時間，沒有先好好研究過ＫＭ的事情？ＫＭ以前演過的作品，你看了幾部？有機會一起和實力派前輩對戲，你事前沒有先做好功課嗎？」

「沒有……」

「她那樣的大明星都事先查過你這個菜鳥了，而你居然一點功課都沒做，真的是我指導無方……，我無話可說了！」

我也不知道該說什麼，只能一直點頭回應。

接著遠頭抿住嘴唇，自言自語的念了一句：

「你的行為，都是我這個管理人的責任……。」

看到完全不一樣的遠頭，我也陷入了無法形容的情緒之中。

Scene 3
Take 4

有潛力的女演員，從基礎就和別人不一樣

★應該是我們要先去問候才是

我意志消沉，遠頭則是氣到筋疲力盡了，休息室裡只剩下沉悶的寂靜。

這時，休息室傳來了「叩叩叩」的敲門聲。

遠頭整個人馬上挺得直直的，反射性地面對門口。當時遠頭和我想的，應該是同一件事吧：「啊！KM來了！」

我們兩個人完全僵住。居然惹惱了演藝圈的大明星，絕望感撲天蓋地而來。

遠頭用平常少見的緊張神情，細聲地說：「請進……。」

休息室的門慢慢地打了開來，遠頭和我垂著眼，把視線稍微往上抬一點，結果……。眼前是一位二十歲左右，身型苗條而且非常美麗的女人，她用著優雅的站姿站在休息室的門口。

「不好意思，第一次見面。我是ＮＹ，這次要和您共同參與演出。我對自己的演技還沒有什麼自信，但我會全力以赴，請多多指教。」

說完後，還客氣地低頭行個禮。

門口這位，就是演我姊姊的角色，換句話說就是演主角的ＮＹ小姐。她專程到我的休息室來打招呼。這位女藝人現在已經超級有名了，但當時她才剛出道，所以算是沒什麼名氣的新進女藝人。

遠頭代我回答說：「讓您專程過來，真是不好意思。其實原本應該是我們要先過去問候才是，今天還請您多加關照。」

接著又一邊行個禮，一邊小聲地提醒我說：「喂！蠢蛋！」

啊！我忘了要回聲問候了！

「呃……初次見面，這次很榮幸能演弟弟的角色。我才有可能拖累大家，但是我會加油，也請您也多多指教。」

「不會的，您太客氣了。那我先告退囉。」

ＮＹ小姐用優雅的笑容說了這句話，關上了休息室的門。

★一視同仁用心待人，才有出頭的機會

我們被NY小姐拯救了回來，低盪的心情慢慢回復。

「NY這個女孩子很可愛，將來一定會紅。」

「因為她長得好看嗎？」

「蠢蛋！你真的只從外表來看女人嗎！之前在廣告的拍攝現場，和WM一起合作的時候，我也曾經說過，是因為她們對所有人都一視同仁用心對待。打招呼就是一個象徵，大家都會成為這種人的朋友，她們自然就能出頭。這可不是只適用在演藝圈，可以說整個社會都通用啦。」

「原來如此。」

「你還真是個小屁孩。聽好，你別以為自己還只高中生，就可以隨便來。一旦到了工作現場，不管你是學生還是幼稚園，或者是退休的老人家，一點關係都沒有，因為所有的人都是專業藝人！」

遠頭機關槍式談話這下子完全復活了，平常總是左耳進右耳出的我，這回也稍微認真地洗耳恭聽。

「鈴木姊平常不是教你，在演藝圈，任何時候都要好好打招呼，讓你聽到都嫌煩了嗎？越是長年活躍第一線的藝人，越是重視禮節，如果這個都做不好，別人根本就不會搭理他，所以你要給我好好地注意！」

親身經歷過，才發現輕忽問候的後果有多麼嚴重……。

「那個……現在可能有點遲了，不過，我可以到ＫＭ的休息室，向她打聲招呼嗎？」

「以ＫＭ來說，現在早就在做拍攝準備了，等你和她對戲的時候，再鄭重向她問候。我現在已經因為緊張過頭累壞了啦。」

說完，遠頭就大字形地癱倒在休息室的榻榻米上。

Scene 3
Take 5

無視工作責任的傢伙最差勁！

★因為留在桌上的小東西而被嚴厲地斥責

我待在休息室裡等了大約一個小時，終於接到通知要開始拍我演出的戲了。

我無法掩飾心中的緊張，和遠頭一起走向攝影棚。

第一場戲是由飾演母親的ＫＭ，以及飾演姊姊的ＮＹ，還有我三個人一家團聚的場景。我在這場戲裡沒有台詞，劇情設定是我和她們兩位一起坐在桌子前用餐。

到攝影棚後，看到拍完前一場戲的ＫＭ也在那裡。和剛才在化妝間看到的不一樣，現在是平常在電視機前看到的ＫＭ，散發出無法形容的氣勢。

終於要正式和她打照面了。

「ＫＭ姊早安……。」

我緊張得不得了用僵硬的表情打招呼，震懾於ＫＭ的氣勢，我覺得聲音好像沒有傳出去。ＫＭ沒有回應，直接從我的眼前走過。

我想自己真的因為剛才的事情得罪她了，更加緊張、膽怯。接著我身後，突然傳來ＫＭ怒斥的聲音：「你過來一下！」

不妙，是叫我嗎？她要說什麼？

「是！是！」

我提心吊膽回頭，看到ＫＭ繼續說：「這些東西為什麼留在桌上？從這場戲的設定來想根本就不成立，不是嗎？因為你一個疏忽，讓它出現在鏡頭裡，可是會傳達完全不一樣的訊息給觀眾。請多注意一點！」

原來是電視劇的ＡＤ（助理導播。在拍攝現場協助各項工作的人），被ＫＭ狠狠訓了一頓。

「對……對不起。」

ＡＤ馬上低頭向ＫＭ姊道歉，趕緊收拾留在桌上的小東西。

★你這小子事前根本沒有做好功課，任誰都看得出來

這一幕讓我再次感到「ＫＭ果真像電視上看到的一樣，不是普通的可怕。」

我後面的遠頭，小聲地和我說：「ＫＭ就是這樣啦。」

「ＫＭ好凶喔。」

「她對工作的確嚴格到吹毛求疵的地步。可是說她會因此被討厭，可就大錯特錯了啦。你也得從這件工作裡學到這一點。」

「ＫＭ對工作人員也好嚴厲。」

「像這樣的資深藝人，不只是演技，就算是工作人員她一樣會提出指正。像剛才啊，明明是和未成年孩子一起用餐的場景，可是桌上卻放著煙灰缸和打火機，有這種母親嗎？她發現這點才要求ＡＤ要處理啦！」

演藝圈的大明星，連這種事都考慮到了喔……。

我本來以為藝人的工作只是背背台詞，拍攝的時候很順地說出來不要忘詞就好了。但是ＫＭ卻連該場戲的設定、時空、與對方的關係，全都一一思考清楚後，才完美地塑造出「主角母親」的特質。或許這就是我初次見到她時，

所感受到她那股令人折服氣勢的原因吧。

而我卻完全怠忽了事前的準備作業，這一點遠頭也一清二楚。我和ＫＭ、ＮＹ三個人一起圍著餐桌吃飯。在拍好的鏡頭裡，我這個弟弟角色完全沒有存在感。

「你根本就不行，表現得比上課還差！完全不值得一提！」

拍攝結束後，遠頭毫不留情地指責我今天的表現。

平常上課總是和同學一起做表演練習，就算我的準備不足，看起來或許也不會太明顯。然而一旦身處一流的藝人當中，我糟糕的程度就很明顯了，感覺就像不小心混進去的素人。

「關於今天的工作，你到底做了什麼準備？」

「把台詞全部背熟……。」

「就這樣子而已？我想也是，一看就知道了，你根本沒準備。」

「……是。」

「你在現場的工作，不是代表你一個人而是代表我們整個經紀公司。」

「我知道。」

「才沒有！你根本就不知道。如果你真的知道，就應該把台詞背得更滾瓜爛熟。然後思考自己該如何呈現台詞，以及沒有台詞時又該怎麼表現。結果你卻……」

「……」

「在休息室的時候，你應該要更專心才對。」

看來我進到攝影棚之後的一舉一動，他全部看穿了。

「聽好，任誰都看得出來，你根本沒有做好準備功課。事前要在腦袋裡一再演練，這是表演工作的基本要求。你對於這次飾演的角色，有先想過什麼？」

「沒有特別想過什麼……」

「那你到底是為了什麼來到這裡。功課不先做好，工作當然也做不好，這不是一定的事嗎？聽好，我要明白跟你說清楚。」

遠頭這時的目光，突然變得好銳利。

「你還只是個天真的學生，想成為真正的專業演員，一路上多得是你要克服的事。」

★再不改變的話，你的人生也沒什麼希望了

我完全被打敗了，因為我了解到了，以往累積的經驗，完全沒有任何幫助。不，和過去無關，應該說這時候我才體悟到，是我自己沒有努力追求成長的企圖心。

「下一場戲聽說是在三天後，在神奈川縣的醫院拍，因為比較遠我就不一起去了。我說的事你記住了嗎？做不出成績來，就不會有下一次的機會，回去好好準備。」

或許被罵太久了我有點疲乏，自暴自棄卜勉強擠出了笑容說：

「我會想辦法克服困難啦……。」

下個瞬間遠頭的眼底閃現一道光，揪住我的胸口說：

「喂！別瞧不起專業的世界！」

我呆住了。雖然遠頭馬上鬆開了手，但是他的眼神很認真，還帶著一絲悲傷。

「你現在已經背負起經紀公司其他藝人的命運了。如果你做不出成績的話，其他的藝人也會受到影響，絕對不能忘記這一點。」

「……」

「別奢想實力一下子就能提高。但你一定要先拋掉天真的想法下定決心。想當藝人卻沒有任何改變的話，你的人生也沒什麼希望了。」

「……」

「沒有實力去實踐他人要求的人非常差勁，但是沒有決心認真面對工作的人更差勁。因為每個人都是背負著各自的人生，認真面對眼前工作的。」

我已經說不出任何話來了。

「一出事，馬上就表現出我還是高中生的樣子，這種被寵壞的傢伙，專業的工作現場不需要。」

熟知工作現場有多殘酷的經紀人，他的一言一語強烈衝擊了一直擺脫不了學生氣息的我。經過這次的工作，我才終於體驗到必須以多嚴格的標準，來面對嚴厲的專業環境。

下一場戲在三天後拍。現在的我，還有什麼可以做的呢？

★對旁人的責任感，就是對自己的決心

在嚴苛的演藝圈裡，數十年來活躍在第一線的ＫＭ，她所散發出來的氣勢，到底是什麼呢？直到二十多年後的現在，我依舊找不到答案。

但是我有一個想法。那是不是一種「對旁人的責任感」呢？而這種態度也成了對自己「決心」，和這種決心長年拉扯的時間，化成了一股讓人無法忽視的氣勢。

「演藝圈看似很大，其實出奇的小。不只是藝人，包括對經紀公司的風評在內，一下子就會傳遍整個圈子。所以經紀公司旗下的藝人，一定要有徹底

的覺悟。」

這是經紀人經常耳提面命的事，不過當時的我卻認為：這種不必要的壓力，不需要加諸在藝人身上吧。

但是以演藝圈的架構來說，一件工作是由數個公司的人員共同結合創造出來的。在工作現場，只要有一個藝人的成果不能讓人滿意，所屬的經紀公司也會烙上不好的名聲，甚至可能剝奪了跟該工作毫無關係的藝人的機會，這一點或許不難想像吧。

這一點也不侷限於演藝圈而已。自己的工作會對多少人造成影響呢？能否真切了解到這一點，我認為對培養一個人面對工作的責任感來說，是一項非常重要的元素。

Scene 3
Take 6

慘到體無完膚後，才終於明白的事

★最精彩的一場戲，卻ＮＧ連連

電視劇第二場戲的外景拍攝工作，安排在神奈川縣的某個醫院裡。時間是晚上七點左右，四周已經漆黑一片了。熄燈後的醫院走廊真的很恐怖。

而我眼前就是那位對工作要求很嚴格的ＫＭ。沒錯，接下來要拍攝的這場戲，只有我和ＫＭ兩個人對戲。這一幕描述看到女兒死去的幻影而彷徨不已的母親，被飾演兒子的我用一句話拉回了現實，所以是非常重要的重頭戲。

絕對的緊張感下，雖然想裝出平靜的樣子，但是身體和內心都太誠實了，從彩排開始就抖個不停。

再加上今天進到現場之後，向ＫＭ姊打招呼時她依舊不理不睬，我不禁開始懷疑：「有這麼討厭我嗎？」心裡頭更加不把對方當成「母親」來看。這

是身為演員最糟的態度，明明馬上就要正式開拍了，我卻完全無法融入角色裡。

自從拍前一場戲被看到了差勁至極的實力後，才經過幾天的時間。而實力這種東西非常殘酷，因為它絕對唬嚨不過去的。我震懾於KM散發出的強大的氣勢，因而NG連連。對於我差勁透頂的表現，KM終於忍不住喝斥了一聲：「你認真一點！」同時「啪」地拍了我的手。

結果原本是我得以好好發揮的一場戲，演變成無止盡的NG地獄，好不容易才把這一場戲拍好，或許是導演放棄了吧。

我徹底敗給了緊張感，連台詞都顫個不停話也說不好。在拍攝的現場，飄散著一股「怎麼找到一個差勁透頂的傢伙來啊！」的氣氛。

最後KM也沒有對我說任何話，直接離開了現場。

我渾身無力腦子整個放空，心裡好希望話多到嫌吵的遠頭今天能夠在這裡，他那句「別瞧不起專業人的世界！」迴盪在我腦海裡。

「原來專業演員每天都要經歷這種心情啊……」

專業演員需要天天在現場經驗專業世界的殘酷。以前我透過電視只感覺到演藝圈光鮮亮麗的部分，這下子才知道它真正的模樣了。

這時我還沒發現自己差勁的表現，已經讓工作人員憋了一肚子的悶氣和怒火……。

★我至今是用什麼心態來面對工作呢？

當天拍攝結束後已經是凌晨一點了，回程當然沒有電車可以搭，但是有往東京方向的外景接送巴士。我正要上巴士的時候，有個導播突然對我說：

「你這副德性以後別想在演藝圈混下去！」

雖然我一天到晚都被遠頭罵，但是被工作人員罵還是第一次，更何況還是這種直接警告的方式。

我有種腦門被狠狠地重擊一棍的感覺，因為自己微微感覺到的事實，對方居然毫不留情地直接說了出來。這句斥責大大改變了我之後的人生。對我來

說，那位導播所說的話，感覺就像給了我一股衝擊。

我開始認真地思考，自己之前究竟是用什麼心態面對這個工作，我想起遠頭曾經說過：「每個人都背負著各自的人生，認真地面對眼前的工作。」

連同工作人員在內，每個人都賭上對工作的自豪參與電視劇的演出，包括ＫＭ、還有剛才的導播，每個人都認真地面對工作，所以才會真心地叱責他人吧。沒有這種態度就無法在社會上謀生。到目前為止，我的演技只不過是辦家家酒的水準，如果不更加地努力的話……。

遠頭耳提面命的事情，經由這次的演出全都串連起來了。因為認真，所以才會發怒；因為為對方著想，所以才會嚴詞以對。這一點，我充分地體會到了。

只不過，拍攝的工作只剩下最後一天了，我該如何面對這一天的到來呢？

★責怪別人前，先想想自己有沒有卯足全力？

回程的外景巴士朝東京方向行駛在深夜的高速公路上。這輛車上除了司機之外，只有我和ＮＹ而已。有幸和這位將來知名的女演員，單獨相處好幾個小時，現在回想起來真是非常讓人羨慕的情景，但是當時我的心整個掏空了。

我一邊眺望著窗外，一邊想著自己的未來。我沒有辦法忘掉拍攝工作的失敗，也沒有辦法忘掉導播對我說的話。

「再這樣下去，我還能繼續在這個圈子裡走下去嗎？」

一路上我的腦袋裡盡想這件事。

「我以前也遇到跟你一樣的情況喔。」

ＮＹ溫柔地對我說了這句話，或許是因為今天的拍攝過程，還有剛剛上車前的事她都看在眼裡，所以為我擔心吧。

「之前好幾次因為自己的實力不夠覺得很沮喪，很多很多次喔。不過。沒有任何人會從最根本的地方幫助你……」

「沒有任何人會幫助我……」

「沒錯，沒有任何人。可是後來我發現，這個道理不只是在工作上，它也是生存的本質。」

接著ＮＹ繼續往下說：

「我自己能夠有所轉變，也就是在想通這個道理之後。不要怪別人，先想想自己是不是真的夠努力呢？」

這時候的ＮＹ還只是個沒沒無聞的藝人，這種像是說給自己聽的感覺，讓我留下了深刻的印象。實際生活裡我沒有姊姊，雖然只是電視劇的設定，但是卻讓我感覺好像是真的姊姊對我說了一些建議。

我想起進到經紀公司之前的往事，那時對自己辦不到的事情，我總是把原因全部怪到別人或是環境上。

「沒有實力可以實踐別人要求的人很差勁，但是沒有認真面對工作決心的人更是差勁。」我又想起了遠頭說的話了。

——「遠頭果然是我的經紀人，所以才會這麼認真地面對我。」

我有了完全不同的體會。

ＮＹ散發著一股簡直可以環抱整個空間的溫暖氣息，撫平了我內心的傷。她能夠成為一流女藝人的原因，我也能夠明白了，這是她累積了相當多的經驗造就出來的成果吧。

Scene 3
Take 7

有責任感才能成就好作品

★差不多該和「緊張」成為朋友了

拍攝工作終於到了最後一天。今天是這部電視劇的最高潮，也就是主角——NY所飾演姊姊，因為不治之症而無力回天，在家人的陪伴之下，躺在床上嚥下最後一口氣的場景。這是最重要的一幕，很明顯地，所有的工作人員都以最大的專注力面對這一場戲的拍攝工作。

身為看著姊姊嚥下最後一口氣的家人之一，我也需要出現在這一場戲裡。如果沒有辦法表現出好的演技，將會完全毀了這個盛大的場面。責任有多麼重大，當然不需要多說了。

「你上一場在醫院的戲，拍得怎麼樣了？」

因為是最後一天的戲，遠頭也陪我一起來了。平常總嫌他煩，可是今天卻

感覺非常依賴他。

「……糟透了。」

「應該有被罵得很難聽吧？被很多人罵？」

被導播罵、ＮＧ連連被ＫＭ打手，這些事我實在說不出口。

「算了，工作就是看結果啦。無論說什麼，別人願不願意和你繼續合作最重要。接下來你要是能夠盡全力，我也沒啥好說的啦，打起精神來！」

錄影現場位在東京練馬區的攝影棚，前往現場的車子上，遠頭沒有再多說什麼了，超過三十分鐘以上的車程就在靜默中度過，我還第一次碰到的他這麼長的時間沒有說半句話。

當天拍攝是在有學校體育館一點五倍大的攝影棚進行。因為天花板挑高，所以聲音特別響亮。抬頭一看，上頭有吊車一樣的東西，看來是要從上面往下拍的樣子。

光是看到這個陣仗，不需要多說應該也可以了解，這一場戲有多重要了。我的緊張感逐步高升。

「聽好，今天全靠經驗了。已經經歷三個拍攝天了，你也差不多該和『緊張』成為朋友了吧。」

說完這句話，遠頭就把我送進了拍攝現場。

我確實漸漸習慣這種獨特的氣氛了，也可能是因為今天有遠頭陪在身邊，成為心中的依靠。更重要的一點，或許不該由我自己來說，但是和第一天比起來，我發現自己心裡篤定多了。

這場高潮戲的拍攝準備已經開始了。攝影棚的中間擺了張床，飾演姊姊的ＮＹ躺在上面，而旁邊就站著ＫＭ。

「請多多指教。」

雖然我向她們兩位打了聲招呼，但是ＫＭ依舊沒有回應。只是不知道為什麼，我不像之前那麼在乎了。反而是腦子裡有個念頭先跳了出來「我要把最好的最好，在一瞬間表現出來」，這個念頭讓我能夠全神專注的等待，我的心情和前一次不一樣了。

躺在床上的ＮＹ，細聲地對我說了一句：「加油喔！」

我從來不知道，一句鼓勵的話語，會讓我如此開心。

★第一次對我露出笑容

彩排開始，從攝影機的移動、姊姊嚥下最後一口氣的時機、以及之後家人們的動作等等，都有縝密的指示。

「姊姊嚥下最後一口氣之後，你緊緊抓著她哭。至於要不要哭出聲音來，那就全交給你了。」

「是，我了解了。」

但是我從來沒有在鏡頭前面哭過。在經紀公司上課的時候，雖然受過類似的演技指導，只是我不覺得有那麼容易表現出來。

但是我非做不可。沒錯！非做不可！

「好了，差不多要正式來囉！」

體育館般廣大的空間，彩排時鬧哄哄的氣氛，這時在導演的一聲令下，瞬

間化為一片寂靜。想像得到嗎？數幾十名的工作人員，卻安靜得連一根針掉在地上都聽得到。

緊張感越來越強烈，但是專注力更勝一籌。上一次連自己噗通噗通的心跳聲都聽得到，而這次不知道怎麼回事，那種感覺已經沒有了。

「好，開始！五、四、三、二……」

導演的聲音響徹乾燥的空氣中，重頭戲開始。

母親表情嚴肅地握著女兒的手，盯著女兒的臉龐。我隔著床站在另一側，看似乎無法接受眼前的現實，始終茫然地呆站著。對自己如此重要的人即將離開人世，拚命忍住這種無法言喻的悲傷。

然後，醫生低聲向家人說：「很遺憾……請節哀。」

接著我照著導演在彩排時所交代的，緊緊地抓住姊姊的腳，哭出聲來。不對！我覺得我是在哭，但是事實上我不只不知道，連自己說了什麼我都不清楚。我的演技就是這等程度，不夠冷靜、不夠純熟。但我確實不再因為緊張而渾身發抖，能全心全意投注在表演上了。

「ＯＫ！檢查一下帶子！」

耳邊傳來導演尖銳的聲音，我知道這場戲拍完了。又過了三十秒左右，一直到聽到「ＯＫ！檢查ＯＫ了，各位辛苦了！」為止，我始終失神地呆站著。

我把自己所有的能量投入表演裡，這種經驗我第一次嘗到。

這時有人從我身後拍了肩膀一下，說了聲：「辛苦了！」

我回頭一看，原來是之前完全不理睬我，總是扳著一張臭臉給我看的ＫＭ，這時她滿臉笑容地站在我的後面。

「謝……謝謝ＫＭ姊。」

我莫名地鬆了一口氣，只記得說這句話而已。

是不是因為她認同了我這次的演技和以前不一樣了呢？光是情緒的轉換就和演技大有關係，所以演戲真是不簡單。但是我到現在依舊不知道，她那時想要告訴我什麼。

★別人真心對你發火，是值得感激的事

「殺青，各位辛苦了！」

所有的人齊聲鼓掌，掌聲響徹巨大的攝影棚。然後電視劇的工作人員獻花給KM，獻花的就是那位第一天被KM姊訓了一頓的助理導播。

「這次的拍攝工作，真的讓我獲益良多，謝謝您，辛苦了！」

KM姊抱著花束，回說：「我才要謝謝你呢，你做得很好。」然後笑著要向AD握手，這時的AD眼睛已經泛出淚光了。

「謝謝各位！辛苦大家了。」

KM再一次致謝後，滿臉笑容地離開了攝影棚。拍攝的過程中，明明對任何人都是一副嚴厲的臭臉。

遠頭對我說：「你記得我第一天說過的話嗎？」

「哪一件事？」

「蠢蛋！就是我說嚴厲和被討厭，是完全兩碼子事！」

「喔。」

「這次的工作不就像我說的，可以從ＫＭ身上學到很多嗎？就是因為認真的面對工作，所以才會對你這種菜鳥也給與明白的指正啦。」

「是！」

「聽好，你可別以為這是理所當然的事，要把它當成值得感謝的事。這次的拍攝，你不是犯了很多錯、被很多人罵嗎？可是啊，別人真心對你發火，其實是值得感激的事，因為人一長大，願意說實話的人就變少了啦。」

後來我才知道，我去神奈川的醫院出外景的前一天，遠頭的母親過世了。他那時凝視著遠方對我說話的神情，莫名地讓我留下了深刻的印象。

當我離開演藝圈，在截然不同的行業裡管理幾十位部屬之後，才能夠用不同的感覺來回顧這部電視劇的拍攝過程。在商場上，累積越多經驗的老鳥，越是打從心底知道工作的困難度。正因為如此，對於周遭的人才覺得必須予以嚴厲指導。

沒有任何人想被別人討厭。但是越是真心地為工作上的事情著想，不！是為對方今後的事情著想，越可能狠下心來嚴格地指導對方。他們明白即使可

能會招人怨一樣要勇於承受，對於認真面對工作的人來說，這份嚴厲可說是不可或缺的要項。

後記

我離開演藝圈至今已經過了十年，剛好和我在演藝圈的時間差不多。回首往事，我遇到了許多人，所有人都專注、認真，而且非常熱情及體貼。但是我也必須坦白說，當時我完全無法心懷感謝。哎！年輕真是不懂事啊，對不起各位了，借此機會向各位致上歉意。

現在，演藝界的種種已經變成遙遠的記憶，遠得讓我幾乎不敢相信自己曾經待過演藝圈，然而當時所學到的一切，都確實根植於我的心中。撰寫本書時更讓我打從心底感到，沒有那十年的光陰，就不會有現在的我。

能夠透過書寫再度回顧曾經體驗過的事，對我來說非常具有意義。即使如此，讓我來寫那個二十年前糟透又幼稚的自己，精神上還是挺難堪的（笑）。當時的我雖然是個沒有成果、非常遺憾的傢伙，但是我可沒忘記那些年所經歷過、學到的教訓，或許這也是我唯一可以拿出來吹噓的事情吧。

其中最印象深刻的，便是經紀人遠藤先生了。距離第一次見到他，已經是二十幾年前的事了。他現在應該要滿六十歲了吧，不知道是否活力依舊呢？

我好想再一次對遠藤先生說：「當年真的謝謝您了。」

我覺得當時遠藤先生拋給我的所有訊息，共通關鍵字應該就是「自立」吧。簡單來說就是靠自己站起來的意思。

其中應該蘊含了父母守護著孩子成長般的深刻感情吧，他也一再傳達一個訊息給我：

「不管如何為你著想，在這個行業裡不能指望別人伸出援手，最終也只有靠你自己的力量走下去。」

說到演藝圈，現在看來依舊光鮮亮麗，和當時的我一樣，對演藝圈充滿憧憬的人也一樣很多吧。但是我想其中絕大部分的人，最後也會和我一樣離開演藝圈，轉往不同的行業去找活路吧，或許你就是其中的一位。

然而請絕不要忘記。

自己曾經為心中相信的夢想拚盡全力，即使有點遜，卻仍然努力不斷的那段的熱情時光。它對你的未來一定有幫助，這一點已經從我身上得到證明了。

這道裡不限定於演藝圈，對任何工作都一樣。相信夢想，專注而拚命地努

力下去，對未來一定有所幫助。

如果看過本書之後，能有更多的讀者燃起鬥志，我會打從心底感到開心。

本書收錄的小故事，雖然只集中在我十六到十九歲的三年間。但是在那之後，我依舊繼續在演藝圈奮鬥了長達十年的時間。所以還有一半的故事沒說，剩下七年的故事由於篇幅關係必須割愛，那些濃厚及稍微成熟的故事，不輸給本書所介紹的小故事。

倘若有機會的話，我希望能寫下比本書更成熟一點的階段發生的故事。

話說我真的變成熟了嗎？我其實沒什麼自信呢（笑）。

相信總有一天，我能再次透過書和各位再會。

（各位一定想知道山田之後究竟怎麼了吧？）

此外，在本書中出現的藝人，為了避免對他們造成困擾，容我用英文縮寫的方式來表示。其他的登場人物，也都以化名的方式呈現。

國家圖書館出版品預行編目資料

演藝圈教會我的事 / 飯塚和秀著 ; 王慧娥譯.
--臺北市 : 文經社, 2013.09
面 ; 公分. --（文經文庫 ; A305）

ISBN 978-957-663-7018 （平裝）
1.成功法 2.生活指導

177.2 102014880

文經社 文經社網址 www.cosmax.com.tw/
www.facebook.com/cosmax.co 或「博客來網路書店」查詢文經社。

文經文庫 A305

演藝圈教會我的事

タレントだった僕が芸能界で教わった社会人として大切なこと

著作人 飯塚和秀（Kazuhide Iizuka）
譯者 王慧娥
發行人 趙元美
社長 吳榮斌
企劃編輯 高佩琳
美術編輯 龔貞亦
出版者 文經出版社有限公司
登記證 新聞局局版台業字第2424號
<總社. 編輯部>
社址 10485 台北市建國北路二段66號11樓之一(文經大樓)
電話 (02)2517-6688
傳真 (02)2515-3368
E-mail cosmax.pub@msa.hinet.net
<業務部>
地址 24158 新北市三重區光復路一段61巷27號11樓A(鴻運大樓)
電話 (02)2278-3158.(02)2278-2563
傳真 (02)2278-3168
E-mail cosmax27@ms76.hinet.net
郵撥帳號 05088806 文經出版社有限公司
新加坡總代理 Novum Organum Publishing House Pte Ltd. TEL:65-6462-6141
馬來西亞總代理 Novum Organum Publishing House(M) Sdn. Bhd. TEL:603-9179-6333
印刷所 通南彩色印刷有限公司
法律顧問 鄭玉燦律師
定價 **240**元
發行日 2013年 9月 第一版 第一刷

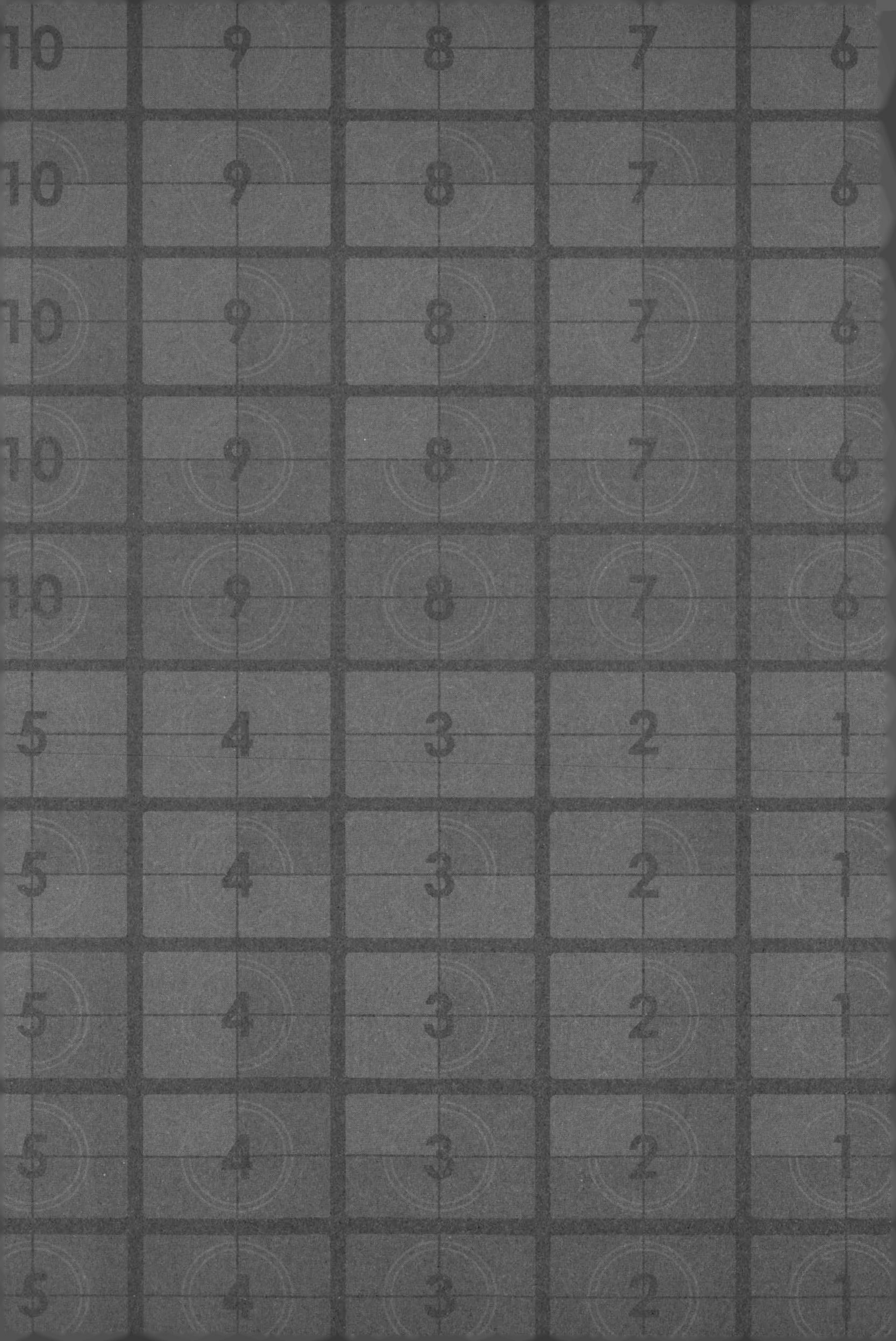